CÓDIGOS DE SABIDURÍA

DESCUBRA EL SECRETO PARA DISFRUTAR DEL ÉXITO

Vida®

EDWIN SANTIAGO

La misión de Editorial Vida es ser la compañía líder en satisfacer las necesidades de las personas con recursos cuyo contenido glorifique al Señor Jesucristo y promueva principios bíblicos.

CÓDIGOS DE SABIDURÍA
Edición en español publicada por
Editorial Vida – 2007
Miami, Florida

© 2007 Edwin Santiago

Edición: *Gisela Sawin Group*
Diseño interior: *Gisela Sawin Group*

ISBN 978-0-8297-5204-5

Categoría: Vida cristiana / General

HB 07.20.2023

Dedicatoria

Dedico este libro a mi padre Jose Santiago Ríos, quien me enseño que Jesús es el fundamento principal de sabiduría para poder vivir. Sin él, ningún otro principio sería real.

Agradecimientos

En primer lugar agradezco a mi Dios por su gran sabiduría
y su misericordia al compartir con nosotros estos códigos.
No puedo dejar de nombrar a mi madre, Olga Santiago,
quien supo aplicar los principios de sabiduría en su
asombrosa vida, frente al cuidado de sus hijos
y de la iglesia.
A mi esposa Zelided, mujer sabia que día a día me
acompaña con consejos de amor y me anima
a crecer en mi intimidad con Dios.
A mis tres hijos Karely, Kerwin, Karem y a mis cinco nietos,
a quienes deseo continúen aplicando estos principios para
que alcancen una vida feliz en Dios.
Al cuerpo de liderazgo y congregación de Tabernáculo
Internacional, mi iglesia, quienes día a día
se atreven a poner en práctica estos códigos
para alcanzar sabiduría.

¡Gracias!

CONTENIDO

Prólogo 9

Introducción 11

1- Código de misericordia y verdad 17

2- Código de la fe 27

3- Código del reconocimiento 35

4- Código de la alabanza 45

5- Código de la corrección o la disciplina 55

6- Código de la inteligencia 63

7- Código de la valentía 79

8- Código del servicio 91

Conclusión 97

Acerca del Autor 99

PRÓLOGO

Todos hemos leído en la Biblia la descripción en detalle de cómo el Dios de Abraham, de Isaac y de Jacob obró milagro tras milagro al liberar al pueblo de Israel de la esclavitud en Egipto. También se relata cómo Jehová, el Dios del Pacto, protegió a todo el pueblo israelita durante cuarenta años de su travesía por el desierto camino a la Tierra de Canaán. Moisés, el líder de Israel, levantó su mano y el Mar Rojo se abrió, golpeó la roca y agua fluyó, subió al Monte Sinaí y fuego descendió del cielo. Todas estas manifestaciones de las poderosas obras de Dios fueron vistas y experimentadas por todo Israel. Pero aunque todo el pueblo fue testigo de las obras de Dios, no aprendió a conocer sus caminos. No aprendieron a conocer el corazón de Dios. Sin embargo, Moisés conoció los caminos de Dios.

El salmista declara: «Sus caminos notificó a Moisés, y a los hijos de Israel sus obras» (Salmo 103:7).

Quienes conocen los caminos de Dios no son confundidos cuando se enfrentan a las decisiones de la vida. No ocurre lo mismo con los que solamente buscan las manifestaciones del poder de Dios. La pregunta es... ¿qué prefiere usted: ver el poder de Dios o conocer sus caminos?

En este libro, el apóstol Edwin Santiago describe en una manera sencilla pero profunda, cómo un creyente puede transitar en los caminos de Dios. He conocido al apóstol Santiago como un hombre de fe, de poder y de unción milagrosa. En el campo evangelístico, he visto cómo el Espíritu Santo ha usado a este hombre de fe y a su hermosa congregación, Tabernáculo Internacional, como un instrumento de sanidad y liberación de muchos necesitados. Puedo decir que he visto las obras de Dios manifiestas en su vida y ministerio.

En este libro, *Códigos de sabiduría*, el autor sube al nivel de la sabiduría de Dios. Conozco a Edwin Santiago como evangelista, maestro y pastor, pero descubrí en estas páginas a un apóstol que imparte la sabiduría que solamente se recibe cuando un hombre busca conocer el corazón de Dios. Podemos leer muchos libros que inspiran y motivan a conocer al Dios de poder, pero en *Códigos de sabiduría*, recibirá consejos sabios que lo llevarán a caminar en éxito según los caminos de Dios. A lo largo de estas páginas usted conocerá el corazón del Padre Celestial.

«El temor de Jehová es el principio de la sabiduría, y el conocimiento del Santísimo es la inteligencia» (Proverbios 9:10).

Pastor David Greco

INTRODUCCIÓN

Hay muchas cosas que pueden atraer mi vista, pero hay pocas que pueden atraer mi corazón ... Son estas las que intento perseguir —TIM REDMOND

A lo largo de la vida nos apasionamos buscando aquellas cosas que pueden traernos éxito y verdadero significado. Sin embargo, luego de gran esfuerzo, trabajo y empeño nos damos cuenta que aún no hemos alcanzado nuestro sueño, que estamos ahí, mirándolo de lejos, sin poder disfrutarlo. Es así que descubrimos que es necesario unirle a nuestro esfuerzo un ingrediente adicional: la sabiduría.

El comienzo de ese camino surge cuando examinamos el siguiente texto bíblico, lo hacemos nuestro, y lo aplicamos a nuestras vidas. Este mensaje liberador se encuentra en toda la Palabra de Dios de la cual surge el tan conocido pasaje bíblico:

«Hijo mío, no te olvides de mi ley, y tu corazón guarde mis mandamientos; Porque largura de días y años de vida y paz te aumentarán» (Proverbios 3:1-2).

Este versículo contiene una palabra de verdad y sabiduría escondida en ella. El término «ley» que se utiliza en este verso es la palabra «Torah» que en lenguaje hebreo se refiere a la ley de Dios, tal como aparece en los primeros cinco libros de Moisés. La palabra «mandamiento», «precepto» o «comando» en hebreo es «Mitsvah» y significa «ordenanza o instrucción directiva de un maestro a su estudiante». Estos preceptos proveen sabiduría, y provocan el respeto de nuestros semejantes, elevando a aquellos que los aplican al nivel de liderazgo.

Hay otra descripción de la raíz de esa palabra en el hebreo, y es: «Código de sabiduría», que se define como un sistema de principios espirituales, que trae resultados asombrosos a todos los que lo practican. El Diccionario de la Real Academia Española tiene también una buena definición para la palabra «código». Allí se define como un «Conjunto de preceptos sobre una materia, o una recopilación sistemática de diversas leyes».

Si damos una mirada al pasado podemos referirnos al hallazgo arqueológico en el área mesopotámica del *Código de Hammurabi*. Este data del 1700 a.c. siendo uno de los más antiguos códigos de ley que se ha encontrado. Este se reconoce como el primer ejemplo de derecho jurisprudencial, y demuestra que algunas leyes son tan fundamentales, que ni un rey tiene la capacidad de cambiarlas. Las leyes escritas en piedra eran inmutables.

Otra definición de código es: «Sistema de signos o reglas que permiten descifrar un mensaje». En otras palabras el verdadero contenido del mensaje permanece oculto para los que no conocen el código.

Permítame ilustrar esta definición comentándole algo que viví. Durante algún tiempo trabajé como ingeniero de computadoras, las cuales para aquel tiempo recién estaban comenzando a circular en el mercado. Una de las tareas que me correspondía era la parte técnica de la reparación del equipo, y otra era la reparación de programación, en el que trabajaban otras personas contratadas que se encargaban de solucionar los problemas de las maquinas.

Para esa época no existían los programas que hoy se compran y que se pueden instalar con tanta facilidad en el disco. En aquel entonces, las computadoras recibían la información de trabajo a través de una regla de códigos binarios. Ese era el lenguaje requerido para poder interpretar la información que recibía. El código binario es un sistema de números ordenados de cierta forma, que al ser interpretado por la computadora se transforma en palabras o comandos de acción.

El proverbista bíblico nos insta a guardar, preservar y mantener el «Código de sabiduría», estableciéndose que solamente quienes tienen sabiduría pueden entenderlo, ya que es el código de los sabios.

La profesora de arte clásico inglés, Sorcha Carey, dijo: «Nunca hay que confundir el conocimiento con la sabiduría. El conocimiento sirve para ganarnos la vida; la sabiduría nos ayuda a vivir».

A lo largo del capítulo 3 del libro de Proverbios encontramos ocho principios de sabiduría para alcanzar el éxito, y enseña que aquellos que los ponen por obra recibirán las siguientes recompensas:

Recompensa por la obediencia
«*...largura de días y años de vida y paz te aumentaran*».

Esta es la promesa de Dios para usted. Vivirá mejor, mejorará su calidad de vida y añadirá años en su almanaque si pone en práctica la Palabra de Dios. Prolongará sus días sobre la tierra y hará más en menos tiempo, si decide hacer uso de las llaves de sabiduría que Dios le provee. Podrá hacer más que cualquier otra persona que no usa la sabiduría, y le aseguro que llegará mucho más lejos. Es probable que a una persona común le tome años alcanzar lo que usted puede lograr en semanas o meses, haciendo uso de los códigos descritos en este libro.

Muchas personas piensan que cuando el Señor nos ofreció vida eterna, nos entregó solo una extensión de vida que se manifestará en el cielo o después de la muerte. Pero en verdad, la vida eterna de Dios se manifiesta también en la calidad de vida hoy. Es importante entonces que usted sepa que no tiene por qué vivir por debajo de sus privilegios, o solo en el nivel humano sino que puede participar de niveles más elevados, donde se manifestará a su favor el poder sobrenatural de Dios.

El texto bíblico también enfatiza que «la paz te aumentará». El término «paz» en el hebreo es «Shalom» que significa: «Salud, sanidad completa, tranquilidad, bienestar, éxito, buena condición, salvación, felicidad, seguridad, totalidad, concordia, amistad, prosperidad». Aunque en algunos pasajes representa la ausencia de conflicto, es mucho más que eso, pues implica armonía espiritual y realización interior, bendición que puede alcanzarnos aun en medio de tiempos difíciles. Recuerde que el proverbista instruye que si guardamos el Código de sabiduría, su paz y su prosperidad aumentarán en nosotros. La sanidad y la tranquilidad llegarán a nuestra vida.

Shalom también significa «estar completo», pues con Dios tenemos todo lo que necesitamos en la vida.

La práctica de los siguientes principios hará que usted se sienta completo y descubrirá que todo lo «extra» que la vida le ofrece, es añadidura.

Acompáñeme desde aquí a transitar por ocho importantes principios del Código de sabiduría, que le enseñarán a recibir estas recompensas maravillosas. He aquí algunos de estos principios:

CÓDIGO DE MISERICORDIA Y VERDAD

1

Código de misericordia y verdad

lgunas casas en Japón tienen un espacio hueco entre las paredes de madera. Una persona había decidido hacer ciertas reparaciones en su hogar y tuvo que echar abajo algunos de sus muros. Al hacerlo se dio cuenta que entre las dos placas de madera de una pared había una lagartija inmóvil porque un clavo, desde fuera, le había atravesado una de sus patitas y la había hecho permanecer fija en la pared.

El dueño de la casa, viendo esto, sintió piedad y curiosidad ya que la lagartija aún estaba viva.

Volvió a mirar el clavo que la sujetaba y quedó pensativo... Ese clavo lo había colocado hacía diez años, cuando la casa fue construida. ¿Qué habría ocurrido entonces? ¡La lagartija había sobrevivido en ese oscuro muro, en esa posición durante diez años sin moverse! ¡Es imposible, inimaginable!

La duda de aquel hombre era cómo esta lagartija habría podido sobrevivir tantos años sin dar un solo paso ya que desde entonces su patita estaba clavada. Así que, paró de trabajar y observó a la lagartija preguntándose cómo ella había conseguido alimentarse. Pero momentos más tarde, sin saber de dónde venía, apareció otra lagartija, con alimento en su boca.

¡Ahhh! Aquel hombre quedó aturdido y emocionado al mismo tiempo. ¡Otra lagartija había estado alimentándola durante diez años mientras ella permanecía clavada en la pared! ¡Tanto amor, un amor tan precioso, ha tenido esta pequeña criatura...! ¿Qué no puede lograr el amor? En ese mismo instante, cayó en cuenta; una lagartija fue alimentada por otra, incansablemente, durante diez largos años, sin perder la esperanza en su compañera.

> «El amor nace de la misericordia. Si usted tiene amor, sin lugar a duda, tendrá misericordia».

Si una criatura tan pequeña como una lagartija puede amar así... ¡Imagine cómo podemos amar nosotros, si lo intentamos! El amor nace de la misericordia. Si usted tiene amor, sin lugar a duda, tendrá misericordia.

«Nunca se aparten de ti la misericordia y la verdad; Átalas a tu cuello, escríbelas en la tabla de tu corazón, y hallarás gracia y buena opinión ante los ojos de Dios y de los hombres» (Proverbios 3:3-4).

El precepto comienza resaltando la importancia de la misericordia y la verdad, y destaca en primer lugar la misericordia. La razón por la cual el proverbista eligió este orden es porque la misericordia representa la compasión y la clemencia, una virtud y fuerza divina que debe estar presente en la vida del creyente.

El código de sabiduría destaca la importancia de guardar la misericordia y la verdad muy cerca del corazón, en el lugar donde las cosas más preciadas son atesoradas. Sin embargo, es necesario observar que debe existir un balance correcto entre la misericordia y la verdad. Si nuestro foco se centra en la verdad y no en la misericordia, nos volvemos religiosos legalistas. Una vez dejamos de lado la misericordia todo lo que vemos son faltas, y condenamos a los que se equivocan, y nos volvemos jueces implacables.

«La misericordia debe ocupar el primer lugar en nuestra lista de virtudes».

Esto siempre ocurre cuando en el primer lugar reina la verdad antes que la misericordia. Recuerde que el código de sabiduría declara que si usted quiere ser prosperado debe caminar en misericordia y en verdad.

Por esa razón, la misericordia debe ocupar el primer lugar en nuestra lista de virtudes, puesto que es la que maneja la verdad de la Palabra de Dios y la aplica responsablemente. No es posible manejar la Palabra si primero no se tiene un fundamento de misericordia, amor, compasión y clemencia.

La Palabra dice: «Bienaventurados los misericordiosos, porque ellos alcanzarán misericordia» También dice: «Sed, pues, misericordiosos, como también vuestro Padre es misericordioso»

El Señor hizo todo por misericordia, y así lo declara uno de los Salmos: «Al único que hace grandes maravillas, porque para siempre es su misericordia» (Salmo 136:4).

«Sed, pues, misericordiosos, como también vuestro Padre es misericordioso».

Todo lo que Dios hizo fue en el fundamento de la misericordia. Por eso dijo: «Misericordia quiero y no sacrificio» (Mateo 9:13).

Usted puede hacer muchos sacrificios y ser un buen religioso, pero si no tiene misericordia, no tiene en usted el

> «Si no tiene misericordia, no tiene en usted el corazón de Dios el Padre».

corazón de Dios el Padre, quien es misericordia y se duele con el que ha caído. «Con misericordia y verdad se corrige el pecado. Y con el temor de Jehová los hombres se apartan del mal» (Proverbios 16:6). La forma en que se corrige el pecado es mediante la aplicación de un balance de misericordia y de verdad. Si quiere ser útil y servir a los demás, usted tiene que caminar con misericordia y verdad. Algunos juzgan a otros cuando ellos están aún en peor condición. Por esa razón Jesús preguntó: «¿Y por qué miras la paja que está en el ojo de tu hermano, y no echas de ver la viga que está en tu propio ojo? ¡Hipócrita! saca primero la viga de tu propio ojo, y entonces veras bien para sacar la paja del ojo de tu hermano (Mateo 7:3,5).

> «Para poder caminar en sabiduría y bendición, tenemos que caminar donde está el corazón del Padre».

Este código de sabiduría no lo entienden los hipócritas religiosos, por eso es que no pueden prosperar, porque no comprenden la importancia de la misericordia que exonera al pecador de todo lo que merece cuando este se torna a Dios. Cuando yo no tenía esperanza, el Señor tuvo compasión de mí. Para poder caminar en sabiduría y bendición, tenemos que caminar donde está el corazón del Padre.

«Átalas a tu cuello y escríbelas en tu corazón»

También menciona estas dos cosas importantes con respecto a la misericordia y la verdad. Estos principios son fundamentales para la edificación de nuestro proyecto de vida.

Las bases firmes de nuestro futuro deben estar fundamentadas en la misericordia y la verdad y debemos atarlas a nuestro cuello y escribirlas en nuestro corazón para no apartarnos de esta verdad.

> *«Las bases firmes de nuestro futuro deben estar fundamentadas en la misericordia y la verdad».*

El texto continúa diciendo que aquel que camina en misericordia y verdad hallará gracia. La palabra «gracia» en hebreo es «chen» que es «favor». La gracia es el favor de Dios que rodea nuestra vida.

Se estima que unos 25 millones de norteamericanos cuidan a parientes o amigos que padecen enfermedades crónicas. Los que llevan la carga de cuidarlos saben que muchas veces parece una tarea imposible.

¿Cómo podemos ayudarnos mutuamente cuando la carga parece tan pesada de llevar? Pablo dio la simple instrucción de «sobrellevad los unos las cargas de los otros». Esto significa colocar ese peso sobre nosotros.

Si conoce a alguien que debe estar con un pariente constantemente, puede ocupar su lugar por una hora o incluso por una tarde. Llevar a un amigo que cuida de alguien al almorzar o a un juego de béisbol es proporcionarle un descanso muy necesario y alguien con quien hablar.

Rosalyn Carter, la ex primera dama de EE.UU. escribió en su libro *Helping Yourself Help Others* (Cómo ayudarse a sí mismo para ayudar a otros): «Solo hay cuatro tipos de personas en este mundo: "Los que han cuidado a alguien; los que actualmente cuidan a alguien; los que cuidarán a alguien; y los que necesitarán que alguien los cuiden a ellos. Eso nos abarca a todos».

Ser misericordiosos y cumplir la ley de Cristo incluye un servicio de amor abnegado y gozoso.

> «*Ser misericordiosos y cumplir la ley de Cristo incluye un servicio de amor abnegado y gozoso*».

Alguna vez, frente a una situación importante, alguien le preguntó: «¿Puedo contar contigo para un momento como este?». La Palabra declara que si usted camina en misericordia y en verdad, puede contar con el favor de Dios y moverse seguro de que él estará de su lado. Use su misericordia antes de ser rápido para juzgar o condenar a alguien.

Esta verdad se hará realidad en su vida cuando comience a creer y a utilizar este principio de sabiduría para mirarse a usted mismo por dentro.

¿De dónde lo sacó Dios? ¿En que condición estaba usted? ¿Qué ha hecho Dios con su vida? ¡Cuánta misericordia ha tenido Dios con usted que no lo ha consumido sino que ha sido fiel para bendecirlo, aún con todas sus faltas! Usted podrá contar con el favor de Dios en su vida si tiene misericordia para con otras personas.

El fundamento de la verdad

Por otra parte es importante saber que la verdad es otro fundamento que no debemos dejar de lado si deseamos actuar dentro del marco de la voluntad de Dios. El código de sabiduría es poder hacer un balance adecuado entre estas dos realidades espirituales. ¡No es posible sacrificar la verdad en aras de hacer misericordia, pues la misericordia y la verdad son un matrimonio que no se divorcia!

> «*¡No es posible sacrificar la verdad en aras de hacer misericordia, pues la misericordia y la verdad son un matrimonio que no se divorcia!*»

Tomemos por ejemplo a aquellos que admiten todo tipo de falsas doctrinas y las toleran porque entienden que la misericordia les demanda el ser flexibles ante lo falso. A estos les parece liviano el sacrificio de las verdades fundamentales del evangelio, con tal de mantener la paz y la concordia con los enemigos de la verdad. También están los que teniendo la verdad de la Palabra de Dios estrechan los brazos de camaradería a los que traen falsa doctrina, porque según ellos la misericordia les demanda hermanarse con todos. Recuerde que no debe sacrificar la verdad en aras de la misericordia. «Conoceréis la verdad y la verdad os hará libres» ¡La verdad es la Palabra de Dios! «El evangelio es una puerta estrecha por donde solo cabe lo que es verdad».

> *«El evangelio es una puerta estrecha por donde solo cabe lo que es verdad».*

Otro aspecto importante de la misericordia y la verdad, es que la Palabra de Dios debe ser interpretada usando este balance. Tomemos por ejemplo aquellos que para juzgar entre la verdad y el error en el texto bíblico, alegan que dondequiera haya un pasaje que no refleje la misericordia y amor de Cristo debe ser visto como producto de la mente humana y no reconocido como producto de la inspiración divina.

Este estilo de interpretación queda en entredicho en el Nuevo Testamento donde se nos muestra que Cristo ministro en el poder de la misericordia pero haciendo un justo balance con la verdad. Note por ejemplo que cuando Jesús confrontó a los religiosos lo hizo con la verdad. Recuerde que un día Jesús regresará y juzgará a los hombres con la verdad. Usted tiene que aceptar en su propia vida el ser confrontado con la verdad.

Es importante entonces que al interpretar la Escritura hagamos un balance de estos dos principios, y usemos como regla, no rechazar como auténticos ciertos pasajes de la Escritura simplemente porque entran en conflicto con nuestras modernas preferencias. Pasar juicio sobre la palabra escrita de Dios, es rechazar la verdad que no conviene, y aceptar como cierta solo la Escritura que la mente humana endosa.

Cuando concluimos que la misericordia debe entrar en balance con la verdad y viceversa, nos damos cuenta que Jesús usó ambas herramientas para realizar su obra reformadora en el hombre. Tomemos por ejemplo el caso de la mujer que fue sorprendida en el mismo acto de adulterio y traída a los pies de Cristo para ser juzgada por él. Es claro que en este pasaje, esta mujer fue alcanzada por la misericordia, pero también confrontada con la verdad. Jesús le dijo «ni yo te condeno, vete y no peques mas». También los religiosos que la trajeron fueron confrontados por la verdad, y sus mascaras religiosas de engaño e hipocresía fueron quitadas. Jesús les dijo: «El que de vosotros esté sin pecado sea el primero en lanzar la piedra contra ella», y todos se fueron acusados cada uno por sus conciencias. Resumimos entonces que la misericordia y la verdad son dos poderosos principios del código de sabiduría que pueden ayudarnos a vivir una vida de balance y responsabilidad.

Código de la fe

2

CÓDIGO DE LA FE

«Fíate de Jehová de todo tu corazón, y no te apoyes
en tu propia prudencia» (PROVERBIOS 3:5).

L uego de resaltar virtudes tan importantes como la misericordia y la verdad, el proverbista reafirma los secretos que encierra el código de sabiduría al practicar el principio de la fe.

En la enseñanza del verso 5, se utiliza el término «fiar» que proviene de la traducción de la palabra «Batach» que significa: «confiar, apoyarse, descansar, creer».

Generalmente el hombre se apoya en uno de dos grandes fundamentos: «Dios o su propia inteligencia». Para muchos, la segunda es la más popular, ya que se hace difícil apagar la mente y confiar totalmente en Dios cuando no se puede ver lo que está ocurriendo en el mundo espiritual.

El autor de este proverbio desafía al hombre a utilizar el principio de la fe para creer en Dios como fundamento y así poder prosperar en la vida. Usted no tiene necesidad de apoyarse en su propia inteligencia, sino que puede confiar en Dios con todo su corazón, y creer en él, cien por ciento.

Los años de estudio y de preparación adquirida forman parte de su conocimiento e inteligencia. La preparación académica es maravillosa, pero es la sabiduría la que le ayudará

> *«La preparación académica es maravillosa, pero es la sabiduría la que le ayudará a tener un mañana».*

a tener un mañana, pues es Dios quien lo creó y tiene el plan completo diseñado para su vida. Por lo tanto, no puede apoyarse en su propia sabiduría ni conocimiento y ser prospero. Si quiere alcanzar el éxito tiene que confiar totalmente en el Señor, sin pretender saber lo que él hará con su vida en todos sus detalles.

El gran equilibrista había tendido una cuerda desde un borde al otro de un acantilado. Se aprestaba a hacer su demostración y la multitud, situada abajo, esperaba ansiosa.

—¿Creen que puedo cruzar al otro lado caminando por la cuerda? —preguntó el artista.

—¡Sí! —contestó la multitud.

Y allá fue el hombre llegando a la orilla opuesta en medio de los aplausos y el bullicio.

—¿Creen que puedo cruzar al otro lado llevando una carretilla?

—¡Sí ! —se escuchó nuevamente.

—Ahora, ¿Creen que puedo cruzar llevando una persona en la carretilla? —volvió a preguntar.

—¡Sí! —fue nuevamente la respuesta.

Entonces el artista dijo:

—Muy bien, ¿Quién es voluntario para subir a la carretilla?

En ese momento se hizo un silencio total. Todos se estremecieron. Todos temieron. Todos creían siempre y cuando no estuviera en juego su seguridad personal. En realidad no creían. No confiaban en él.

Entonces, de la multitud surgió un niño, que rápidamente corrió y subió a la carretilla. Ambos, el equilibrista y el niño llegaron sin demora al otro lado, corriendo por la cuerda. Ese niño era el hijo del artista que confiaba con todo su corazón en su papá.

Cuántas veces la gente dice que cree pero no es así. Piensan que Cristo es el Salvador del mundo pero no se apoyan en el para su propia salvación. Creen que él libró a otros pero no creen que los librara a ellos. Creen que sanó a otros pero no consideran la posibilidad de que los sane a ellos. No se atreven a emprender alguna tarea difícil, porque creen que el Señor no les sostendrá.

Usted debe saber: «Dios hizo algo por usted ayer. Él está haciendo algo por usted hoy. Él hará algo por usted mañana, porque él es el mismo ayer, hoy, y por todos los siglos». Él no cambia.

Cuando usted confía en él, usted se apoya, descansa, y deja todos sus problemas sobre él. Él sabe cómo trabajar con usted, y juntamente con cada problema le dará la salida. Recuerde, este Dios tiene poder para levantarlo de donde usted está. No trate de resolver sus problemas en su propia sabiduría, porque se desgastará física y emocionalmente tratando de resolver algo que humanamente no tiene solución. En casi todas las ocasiones después de todos nuestros esfuerzos fallidos tenemos que volvernos al Señor para decirle y admitir: «Tú eres el que todo lo puede. Realmente si hubiéramos comenzado confiando en ti primero, nos hubiera ido mejor».

El código de sabiduría enseña que no debe preocuparse sino apoyarse en Dios, quien puede cambiar toda circunstancia. No deposite su fe en el dinero, en el abogado ni en

«Dios hizo algo por usted ayer. Él está haciendo algo por usted hoy. Él hará algo por usted mañana, porque él es el mismo ayer, hoy, y por todos los siglos».

> *«El código de sabiduría enseña que no debe preocuparse sino apoyarse en Dios».*

los amigos, sino en el Dios que puede cambiarlo todo. William Ward mostró la diferencia entre la fe y la preocupación: La preocupación es la fe en lo negativo, confiar en lo desagradable, seguridad de desastre y creencia en la derrota La preocupación es un imán que atrae condiciones negativas. La fe es una fuerza más poderosa que crea circunstancias positivas. Preocuparse es desperdiciar el tiempo de hoy, para complicar las oportunidades de mañana con los problemas de ayer. Para practicar el Código de sabiduría, es necesario aceptar el principio de la fe para así poder confiar plenamente en el Señor, echar todas las cargas sobre él y decirle: «Dios, confío en ti, no confío en el dinero ni en los hombres, solamente en ti».

El salmista dijo: «He confiado asimismo en Jehová sin titubear» (Salmo 26:1). También agregó: «Dichoso el hombre que confía en él» (Salmo 34:8). Al mismo tiempo sabemos que «sin fe es imposible agradar a Dios» (Hebreos 11:1). Por lo tanto, es fácil deducir que «a Dios le agradan todos aquellos que tienen fe». El verso que sustenta este principio declara que usted debe tener fe en su corazón y vivir por ella, porque de esa manera estará agradando a Dios que todo lo puede y no a los hombres.

> *«Para practicar el Código de sabiduría, es necesario aceptar el principio de la fe».*

Si usted declara: «Yo creo que tú lo puedes hacer», pero al darse vuelta avanza por su inteligencia, entonces estará negando lo que dijo con su boca. Pero cuando declara: «Creo que tú puedes hacer el milagro y descanso en ti porque sé que tienes el poder para cambiar toda circunstancia», todo se torna de acuerdo a la santa voluntad de Dios para su vida.

«El entendido en la palabra hallará el bien, y el que confía en Jehová es bienaventurado» (Proverbios 16:20).

«El altivo de ánimo suscita contiendas; mas el que confía en Jehová prosperará» (Proverbios 28:25).

Hace un tiempo leí algo que me ayudó a reflexionar: «Cuando esté al borde del precipicio, y a punto de dar un paso en falso hacia las sombras de lo desconocido, tener fe es saber que ocurrirán una de dos cosas: "Encontrará algo sólido donde sostenerse o aprenderá a volar"».

Reflexione usted también.

CÓDIGO DEL
RECONOCIMIENTO

3

CÓDIGO DEL
RECONOCIMIENTO

I ba un pequeño barco pesquero saliendo de la orilla del mar y ¡vaya movimiento que se siente en la pequeña embarcación!, hay que estar muy acostumbrado a navegar en el mar para no sentir el mareo y las ganas de bajarse y echar a correr.

La embarcación se movía graciosamente al ritmo de las olas, pero los marineros sufrían las consecuencias de aquel vaivén... uno de ellos recibió órdenes de subir a un mástil, y a medida que subía se sentía peor... desde abajo, el capitán de aquel barco le gritó: «SI NO QUIERES SENTIRTE MAL, MIRA HACIA ARRIBA..»..

«Reconócelo en todos tus caminos, y él enderezará tus veredas. No seas sabio en tu propia opinión; teme a Jehová, y apártate del mal; porque será medicina a tu cuerpo, y refrigerio para tus huesos» (Proverbios 3:6-8).

El tercer principio que forma parte del Código de sabiduría es el del «reconocimiento».

Reconocer a Dios es considerarlo, contar con él, y como resultado, él endereza nuestras veredas, y allana todas nuestras montañas para que podamos llegar al destino que nos fue otorgado.

La Palabra de Dios dice que «hay caminos que al hombre le parecen correctos, y su fin son de muerte». Por lo tanto el Principio del reconocimiento es respetar, honrar, valorar, apreciar, estimar, y contar con la dirección de Dios. Si involucramos al Señor en todas nuestras decisiones, sean grandes o pequeñas, y le damos el reconocimiento por ser nuestro creador, estaremos reconociendo también su sabiduría y su dirección sobre nosotros. Dios sabe todas las cosas, y diseñó su destino y su camino. Él sabe dónde debe estar hoy y dónde mañana.

«Hay caminos que al hombre le parecen correctos, y su fin son de muerte».

Este principio indica que antes de responder afirmativamente a algo, antes de dar un paso para cambiar algo, antes de tomar una decisión, debe consultarlo, y reconocerlo como Señor de su vida.

Usted no vive para sí mismo, y cuando honra a Dios, y lo consulta, le está diciendo: «Señor, yo sé que no me creé a mí mismo y que no puedo trazar mi propio destino, sino que mi futuro está en tus manos porque sabes lo que es mejor para mí».

Cuando conocemos a Dios y desciframos el código de sabiduría que dejó escrito en la Biblia, ya no hay más secretos. Durante años he usado estos principios en nuestra familia y nuestro matrimonio, y puedo dar testimonio de su efectividad.

Toma de decisiones

Cada vez que tenemos que tomar una decisión como familia, no la tomamos de forma arbitraria, sino que en primer lugar se la consultamos a Dios. Cuando él nos da su respuesta, entonces avanzamos en la decisión.

Si Dios lo estableció a usted en una iglesia, con un pastor en autoridad sobre su vida, probablemente la voz de Dios se hará oír a través del Pastor, que es una conexión de autoridad entre el Señor y usted.

Dios podría hablarle directamente a usted, pero cuando usted va al siervo de Dios y le consulta diciendo: «Pastor, tengo esta inquietud en mi corazón y quiero saber si es de Dios o no», al hacer esto usted está honrando la autoridad pastoral y también a Dios, porque está reconociendo el orden en el cuerpo de Cristo.

Si incluye a Dios en sus planes, todo será diferente, ya que estará consciente de su presencia. Además tendrá un segundo ingrediente, estará consciente de que el plan que Dios diseñó para su vida fue establecido antes de la fundación de todas las cosas, y de que usted estuviera en la mente de su padre y madre.

Por algunos años fui asistente del pastor principal de la iglesia y en dos oportunidades tuve en mi mano la carta de renuncia. Hay momentos en los que uno se siente frustrado, percibimos que llegamos a un punto que no podemos pasar, pero en ambas oportunidades seguí el código de sabiduría y me

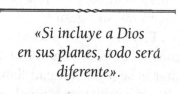

«Si incluye a Dios en sus planes, todo será diferente».

tiré de rodillas a consultar a Dios con la carta en mi mano. Al preguntarle al Señor: «¿Qué dices tú de esta carta?», lo único que sentía en mi corazón era una negativa de su parte. Años después, mientras escribo este libro, pienso en lo que hubiera ocurrido si hubiera entregado esa carta, ya que tal vez hoy no estaría en el lugar en el que Dios me ha colocado.

Dios siempre tiene una respuesta para su pueblo. Él me

guió hacia dónde debía ir. En mi corazón sentí que Dios me dijo: «Resiste un tiempo más. Yo tengo un plan contigo. Te guiaré adonde quiero llevarte».

«*Dios siempre tiene una respuesta para su pueblo*».

«El corazón del hombre piensa su camino; mas Jehová endereza sus pasos» (Proverbios 16:9).

Dios puede enderezar sus pasos si usted se somete a él, si lo reconoce, si le da la oportunidad de que lo dirija. Consultar con Dios cada uno de sus planes es una virtud importante en su vida, ya que lo llevará a un camino de éxito seguro.

El gran error

Muchas veces nos equivocamos al pensar que como Dios nos guió en tomar la primera decisión que fue tal vez la más importante, las siguientes que son más pequeñas y sin tantas consecuencias, podemos tomarlas solos, sin consultarle a él. Ese es nuestro gran error.

Eso le pasó al pueblo de Israel cuando dijo: «Si vencimos en Jericó, con sólo cinco mil soldados podemos tomar la segunda ciudad llamada Hai, y ganar». Pero lo que ellos no sabían es que alguien había robado del anatema, y fue precisamente por esa razón que fueron derrotados. Si en vez de haberse apoyado en su prudencia, hubieran consultado al Señor preguntándole ¿cuál era la estrategia correcta que debían usar en esta segunda decisión?, otra hubiera sido la historia. El Señor les hubiera revelado el camino para que no participaran de un fracaso como el que obtuvieron. Consulte a Dios para que lo dirija y lo lleve de triunfo en triunfo, y de victoria en victoria. Predicar es bueno, hacer ministerio es bueno, pero el enemigo sabe cómo y cuándo sacarlo del tiempo y de la voluntad de Dios. Hay dos elementos necesarios e indispensables para el cumplimiento de la voluntad de Dios en su vida. Uno de ellos es la obediencia a las indicaciones divinas.

> *«Consulte a Dios para que lo dirija y lo lleve de triunfo en triunfo, y de victoria en victoria».*

El siguiente es la observación del tiempo correcto para actuar, porque si se lanza fuera de tiempo, entonces estará haciendo algo que está fuera del plan de Dios, porque todo tiene su tiempo. No se puede correr si no se sabe caminar. No puede caminar si no aprende a gatear. Antes de lanzarse debe atravesar el proceso que Dios ha determinado, consúltelo y reconózcalo en sus caminos y decisiones.

El libro de los Hechos en el capitulo 16:1-10 relata la historia de cuando a Pablo le fue prohibido por el Espíritu Santo hablar la palabra en Asia, siendo desviado por Dios a predicar el evangelio en Macedonia. Es así que se dice en este pasaje que tuvieron por cierto que Dios los llamaba a anunciar el evangelio en otro lugar. Predicar no es malo, pero cuando no es el tiempo de Dios para eso, no es lo mejor.

Los años han pasado y a lo largo de mi caminar con Dios he comprobado que él me ha librado del mal y me ha extendido mi vida porque entré en el plan perfecto de Dios. Él me ha guiado porque no dependí de mi propia sabiduría sino de él y me esfuerzo por reconocerlo. Permita que Dios lo guíe por el plan perfecto para su vida. No importa quien sea o lo que haga, necesita reconocer al Señor en la toma de decisiones para su vida si quiere alcanzar el éxito. Si es Pastor, líder, empresario, abogado, o algún otro profesional, debe aplicar este importante código de sabiduría a todo lo que usted

«*No importa quien sea o lo que haga, necesita reconocer al Señor en la toma de decisiones para su vida si quiere alcanzar el éxito*».

hace. Si es un empresario su toma decisiones no debe estar basada en lo que otros dicen, o en los movimientos de alzas y bajas del mercado sino en la voz del Espíritu Santo. Recuerde que como empresario usted debe hacer a Dios su socio mayoritario y dueño de la empresa, porque así reconocerá su deseo y voluntad para su negocio y para su vida.

Cuando yo era muy joven y mi padre aun ministraba como evangelista en todo lugar, vimos ocurrir un milagro en la vida de un famoso empresario que evidencia este principio. Para aquel entonces este hombre era dueño de una fábrica de cartón en Puerto Rico y por algunos contratiempos económicos había decidido realizar la venta de su empresa. Antes de llevar a cabo su plan hizo una llamada a mi Padre y le consultó el asunto informándole que el precio de venta fijado era de dos millones de dólares. El Espíritu Santo interrumpió la conversación y le habló a mi Padre diciendo: «Dile que no venda aun, que espere otros seis meses y entonces proceda a la venta». Cuando mi Padre dio esta palabra a este hombre de negocios, él enseguida canceló la venta posponiéndola para el tiempo que Dios le había indicado. Seis meses más tarde, un comprador presentó una oferta a este empresario la cual él no pudo rechazar. El comprador le ofreció la cantidad de trece millones de dólares por la fábrica, y le dio unos cuantos meses para hacer el trámite. ¡Qué grandes son las maravillas de Dios! ¡Si le reconocemos en todos nuestros asuntos, todo nos saldrá bien!

Hace algún tiempo me llamó la atención la imagen de una caricatura estampada en la parte delantera de una camiseta.

Era una oveja caminando en dos patas y dirigiéndose a un lobo que estaba bloqueando su paso por un portón. Junto a la oveja se encontraba un hombre de aspecto familiar. Tenía barba, mirada compasiva y apariencia de autoridad. La oveja le hablaba al lobo mientras señalaba al hombre y decía: «Estoy con él». La confianza de la oveja en su pastor le da gran seguridad. Confíe en Dios y le aseguro que los lobos no podrán rodearlo con ninguna trampa.

CÓDIGO DE LA
ALABANZA

4

CÓDIGO DE LA ALABANZA

«Honra a Jehová con tus bienes, y con las primicias
de todos tus frutos; y serán llenos tus graneros con
abundancia, y tus lagares rebosarán de mosto»
(PROVERBIOS 3:9-10).

La generosidad es una virtud digna de ser cultivada. Durante años, una señora conservó su antigua nevera sin renovarla para poder dar más dinero a la obra del Señor. Una familia cristiana que había ahorrado dinero para comprar un vehículo, decidió conservar su auto viejo y dar el dinero a una misión cuando escucharon que ese campo misionero tenía una necesidad urgente. También escuché de un hombre de negocios cristiano que cada día se pone algo en el bolsillo para regalar: un bolígrafo, un caramelo y hasta un billete. A medida que pasa el día busca a alguien que se sentiría bendecido por recibir un regalo. «Al buscar constantemente una oportunidad de dar paso un día hermoso», decía el hombre.

El viejo refrán declara: «Los que aceptan cosas comen bien, pero los que dan, duermen mejor». Pero el libro de Proverbios capítulo 11:25, dice que los dadores también comen bien: «El alma generosa será prosperada, y el que riega será también regado».

Seguramente usted conocerá personas que constantemente se quejan por tener que dar sus ofrendas y diezmos en la iglesia, pero el Código de sabiduría enseña que la ofrenda es una oportunidad para ser bendecidos. «Honrar a Dios con nuestros bienes» tiene que ver con glorificar, estimar, apreciar y venerar al Dios que creó los cielos y la tierra. Esto tiene que ver con la alabanza.

> «El Código de sabiduría enseña que la ofrenda es una oportunidad para ser bendecidos».

Alabamos a Dios al darle nuestros bienes. La palabra «bienes» en hebreo significa «riquezas», es el capital, son los tesoros, las pertenencias. Honramos a Dios con las primicias de nuestros frutos, esto no significa solo «orden» sino «calidad». No puedo darle a Dios lo que me sobra, y decir que esas son mis primicias. Las primicias tienen que ver con lo que es de calidad en mi vida. Si usted le da al Señor algo que le sobra, no es primicia, es sobra.

Hay quienes piensan que para alabar al Señor solo deben abrir su boca y pronunciar palabras de alabanza y gloria hacia él. Sin embargo, la honra y la gloria al Señor nacen desde el corazón y son una entrega de todo lo que somos.

Jesús dijo: «Este pueblo de labios me honra; mas su corazón está lejos de mí». Si usted alaba a Dios de labios, pero su corazón no está involucrado en esa alabanza, Dios la mira, pero no la acepta. La alabanza que Dios acepta es la que viene del corazón, e incluye todo lo que usted tiene, ha entregado y ha rendido a él. Una de las áreas más difíciles de rendir al Señor son nuestras pertenencias, y cosas materiales. Algunos cristianos están contentos hasta que les tocan el tema de rendir a Dios las cosas materiales. Entonces se enojan y se van de la iglesia. Pero no comprender que el dar es un principio que forma parte del Código de sabiduría, es dirigirse neciamente a la ruina y la escasez.

Cuando usted se presenta con ofrenda en el altar, levanta sus manos y dice: «Todo lo que tengo Señor es para ti». Esa alabanza se eleva al trono de Dios y las consecuencias de esa oración son evidenciadas en esta tie-

> «La alabanza que Dios acepta es la que viene del corazón, e incluye todo lo que usted tiene, ha entregado y ha rendido a él».

rra. Ese es el secreto del éxito y la prosperidad de aquellos que caminan en los Códigos de sabiduría.

Puedo tener un auto, pero ese auto no es mi gloria. Puedo tener una casa, pero esa casa no es mi gloria. Puedo tener hermosas alhajas, pero ellas no son mi gloria. Puedo tener un gran negocio, pero ese negocio no es mi gloria, porque mi gloria está solo en el Señor. No ponga la gloria donde el enemigo puede robar o dañar, sino en el lugar a donde el diablo no puede llegar o entrar, y ese lugar es la presencia de Dios.

David en el Salmo 3:3 narra el momento cuando fue despojado de su trono y todo lo que tenía, y fue forzado a salir de la ciudad escapando por su vida. «Mas tú oh Jehová eres escudo alrededor de mí, mi gloria y el que levanta mi cabeza». David conocía el secreto para ponerse de pie cuando el enemigo le había robado todo, y lo había despojado de la prosperidad que antes tenía. El diablo puede quitarle su carro, su casa, pero si ha puesto su gloria en el Señor, nunca podrá robarle su bendición. ¡Honre al Señor, alábelo, exáltelo! No es necesario que grite más, lo que cuenta es lo que rinde en el altar. Dios habita en medio

> «El diablo puede quitarle su carro, su casa, pero si ha puesto su gloria en el Señor, nunca podrá robarle su bendición».

> *«Si usted quiere atraer al Señor a la escena de su vida, lo único que tiene que hacer es alabarlo».*

de las alabanzas de su pueblo. Cuando en su congregación, usted participa del servicio de ofrenda, tiene la oportunidad de alabarlo y activar la gloria de Dios en medio de su situación. En otras palabras, si usted quiere atraer al Señor a la escena de su vida, lo único que tiene que hacer es alabarlo, porque Dios habita en medio de la alabanza de su pueblo.

Durante una circunstancia de mi vida en la que estaba pasando por una situación económica difícil, sintiéndome atrapado le pregunté al Señor: «¿Cómo salgo de esta?». Abrí la Biblia, pero no me habló a través de ella, concurrí al círculo de oración en donde participaban unos tremendos profetas de Dios, pero tampoco me dijeron nada. Es curioso que al pensar hoy en la situación y la respuesta que Dios dio a mi vida en ese determinado momento, el Señor me habló de la manera más extraña que un hombre se puede imaginar. Prendí el televisor y había un deportista, boxeador, que estaba siendo entrevistado, y le preguntaron: «¿Cómo sales de las encerronas que te hace tu rival en las esquinas del cuadrilátero?». Su respuesta fue: «Yo salgo dando». Dios me habló a través de esa frase: «De la encerrona se sale dando».

Al desprenderse de lo más valioso de su vida, y con ello dar gloria y honra al Señor, usted atrae la presencia de Dios a su circunstancia. Cuando todos le digan que tiene que ahorrar, que tiene que asegurarse de no perder lo que tiene, es

> *«De la encerrona se sale dando».*

entonces que debe asegurarse de honrar a Dios de sus bienes para atraerlo a su situación, porque de las encerronas se sale «dando».

La alabanza a Dios llenará sus graneros

Cuando atrae la presencia del Señor a su vida, él llenará sus graneros con abundancia. La palabra «abundancia» significa «lleno hasta que se desborde, atestado, abarrotado». Cuando se desprende de algo para atraer la presencia del Señor, él vendrá a llenar sus almacenes.

En el capítulo 43 del libro de Ezequiel relata cuando el profeta vio la gloria de Dios entrando por la casa y llenándola completamente. «Y me alzó el Espíritu y me llevó al atrio interior; y he aquí que la gloria de Jehová llenó la casa» (v.5).

También Isaías vio la gloria del Señor en el capítulo 6 y dijo que su gloria llenaba todo la tierra.

Cuando atrae la presencia del Señor a su circunstancia, lo llena todo. Lo que está vacío, empieza a llenarse. Lo que está deficiente, comienza a ser corregido.

> *«Cuando atrae la presencia del Señor a su vida, él llenará sus graneros con abundancia».*

Nada en el reino se desata a menos que usted no efectúe una acción primero. Nada en el reino se desata a menos que usted tome una acción correspondiente. Cuando usted da su ofrenda, y sabe que la está dando como la viuda de Sarepta de Sidón que dio lo único que tenía, puede estar seguro que el Señor se manifestará en su vida. Dios miró la fe y obediencia de ella y llenó todo dándole lo que ella necesitaba.

Cuando la viuda le sirvió el último alimento que tenía al profeta, inmediatamente la presencia del Señor llenó su casa y Dios hizo que ni la harina ni el aceite escasearan por un año completo.

Los evangelios narran también la historia de Simón Pedro, quien después de haber pescado toda la noche y nada

> *«Nada en el reino se desata a menos que usted tome una acción correspondiente».*

haber sacado, se encontraba frustrado limpiando sus redes vacías. Cuando Jesús se acercó a Pedro y le pidió su barca, la alejó de la orilla y la usó para enseñar desde ella a la multitud. Luego le dijo a Pedro «Boga mar adentro para pescar» y obedeciendo Simón se dio el milagro, pescó con un resultado milagroso, y las redes se rompían por la enorme cantidad de peces que sacó. La ofrenda de su barca al Señor fue el elemento que Dios usó para llenar sus redes de esa manera. Despojarnos de algo y entregarlo para la honra del Señor, siempre traerá resultados poderosos.

La alabanza da gozo a su corazón

En el versículo 10 dice: «Y tus lagares rebozarán de mosto». El vino es un símbolo del gozo. Cuando usted honra y alaba al Señor, él pone gozo en su corazón.

El Código de sabiduría nos enseña a honrar a Dios con nuestras ofrendas y primicias, porque es más bienaventurado dar que recibir. Dios ama al dador alegre porque este opera en los principios del Código de sabiduría.

Pablo le dijo a la iglesia de los corintios: «que en grande prueba de tribulación, la abundancia de su gozo y su profunda pobreza abundaron en riquezas de su generosidad» (2 Corintios 8:2).

Esas personas conocían el Código de sabiduría. No espere que le sobre para darle a Dios. Hónrelo dándole de lo poco que tiene, déle lo mejor de su vida, y verá que cuando lo honra, él lo llenará su gozo.

Un día temprano, al levantarme, me invadió la tristeza, no tenía fuerzas ni siquiera para peinarme bien. El despertador no había sonado a tiempo y no estaba de buen humor. Me levanté y la confusión abrumaba mi cabeza. Entonces decidí aplicar el secreto que conocí hace muchos años. Busqué a alguien y le di una ofrenda, esta fue la manera en la que desate una ofrenda de alabanza y honra al Señor.

«Dios ama al dador alegre porque este opera en los principios del Código de sabiduría».

Inmediatamente la tristeza desapareció y el gozo del Señor invadió mi corazón. Para sacar vino de gozo de los almacenes celestiales, usted debe primero buscar a alguien y bendecirlo. Cuando veo que se me está agotando el gozo, busco a alguien y le digo: «Quiero entregarte esto». Después, me encierro en mi cuarto y me lleno de gozo. Tan pronto desato una ofrenda, honró a Dios y como consecuencia el Señor se manifiesta en mi vida con su gozo.

Si mañana se siente triste, y no tiene nada que dar, busque a alguien y háblele de Cristo. Al finalizar esa charla se preguntará dónde quedó la tristeza, y descubrirá que la depresión se fue porque ese día dio por gracia, lo que recibió por gracia. Ponga en práctica el principio de la alabanza y verá inmediatamente los resultados.

Código de la corrección o la disciplina

5

CÓDIGO DE LA
CORRECCIÓN O LA
DISCIPLINA

La Gran Muralla China es una de las siete maravillas del mundo. ¿Sabe su historia? Fue construida hace siglos para detener los ejércitos que invadían a China. Esa muralla era tan alta y tan ancha que supuestamente ningún ejército podía penetrarla. Eso era lo que ellos pensaban.

Sin embargo, los chinos fueron invadidos exitosamente tres veces en los primeros cien años después de la construcción de la muralla. Asombrosamente, en cada una de estas situaciones el enemigo no tuvo que escalar la muralla ni hacer un túnel debajo de ella. Ellos simplemente sobornaron a los guardas de las puertas.

¡Qué ilustración para nosotros hoy! Gastamos tanto tiempo, esfuerzo y dinero tratando de crear programas para resolver nuestros problemas de seguridad trabajando con lo «externo» para prevenir que algo malo suceda. Desgraciadamente, fallamos en tratar con las necesidades verdaderas de nuestro corazón. ¿Qué habría sucedido si los chinos hubieran pasado el mismo tiempo edificando el carácter de los jóvenes que guardaban las puertas que el que pasaron edificando la muralla?[1]«No menosprecies, hijo mío, el castigo de Jehová, ni te fatigues de su corrección; porque Jehová al que ama castiga, como el padre al hijo a quien quiere» (Proverbios 3:11-12).

Cuando alguien lo halaga por su trabajo, seguramente sus palabras le levantan el ánimo, pero le aseguro que ese halago no lo llevará a la promoción. Sin embargo, estoy completamente seguro que cuando alguien lo corrige, esa corrección lo elevará a un mejor lugar.

El proverbista dijo que no menosprecie, rechace, refute, repudie, o se fatigue de la corrección. Fatigarse significa «cansarse, molestarse, aborrecer». ¿Y que de la palabra corrección? Desde el punto de vista de nuestras costumbres y tradiciones, la palabra castigo, muchas veces es interpretada dentro de los parámetros de nuestra cultura, la cual era dolorosa y en muchos casos abusiva. Pero la disciplina bíblica no es aplicada como escarmiento, sino como proceso correctivo y reformatorio. Antiguamente, mi abuelo tenía una correa negra con una hebilla bien grande y cuando nos corregía con ella, era muy doloroso. Pero la disciplina del Señor no es cruel, tampoco desmedida sino una justa corrección divina que siempre produce los frutos adecuados.

> *«Estoy completamente seguro que cuando alguien lo corrige, esa corrección lo elevará a un mejor lugar».*

«Es verdad que ninguna disciplina al presente parece

---

1 *El arte del lebrillo y la toalla*, por Tim Elmore

ser causa de gozo, sino de tristeza; pero después da fruto apacible de justicia a los que en ella han sido ejercitados» (Hebreos 12:11).

Hay personas que no aceptan la corrección, se enojan al recibirla. Si usted corrige a un miembro de la iglesia, se enfurece, y tal vez al siguiente culto le dejen saber a todo el mundo con su actitud, que están enojados por la corrección. Tienen la misma actitud que la niña que fue corregida y castigada por su madre que le dijo: «Te encierras en el closet hasta que yo te diga». La niña obedeció, pero pocos minutos después, la mamá no escuchaba ningún sollozo dentro del armario, entonces le preguntó: «Niña, ¿qué estás haciendo?». Y la niña respondió: «Mami, te escupí los zapatos, los trajes, los abrigos, y ahora estoy tratando de buscar algo más para seguir escupiendo».

Hay quienes no aceptan la corrección, pero hay un Código de sabiduría que dice que no debemos menospreciar la corrección ni rechazarla. Acepte ser corregido aunque sea una persona adulta. Decodifique el mensaje de amor de aquel que está corrigiéndolo.

También está el otro grupo de personas que cuando usted los corrige, aparentemente lo aceptan, pero en su corazón nunca perdonan. He oído decir: «Me corrigen, pero el que lo hace no tiene razón». Con eso está diciendo: «Yo soy perfecto, y nada de lo que me están diciendo es verdad. Yo no me dejo corregir porque lo que me están diciendo no me puede ayudar. Quien se equivocó fue el que me está corrigiendo, no yo».

Dios nos ha dado padres espirituales, y la relación con un padre es diferente a la que pueda tener con un amigo. Un amigo lo ama tanto que le soporta todos sus defectos. Pero un padre lo ama tanto que no puede dejarlo que usted sea como es. Un amigo lo soporta, pero un padre lo ama e intentará formarlo a través de la corrección. El mensaje que está expresando es: «Te amo, y te voy a corregir para ayudarte en el desarrollo de tu carácter, y para que te eleves al nivel de lo que Dios te ha llamado a hacer».

En mi vida he tomado la determinación de no corregir más a determinadas personas, y tengo la Palabra para fundamentar lo que estoy diciendo: «El que corrige al escarnecedor, se acarrea afrenta; el que reprende al impío, se atrae mancha. No reprendas al escarnecedor, para que no te aborrezca; corrige al sabio, y te amará» (Proverbios 9:7- 8).

> «Dios nos ha dado padres espirituales, y la relación con un padre es diferente a la que pueda tener con un amigo».

La palabra «escarnecedor» en hebreo significa: «insolente, sin vergüenza». No corrija al sin vergüenza porque se va a enojar contra usted. No pierda su tiempo corrigiendo al insolente, es tratar de corregir lo que no tiene corrección. Sin embargo, el consejo de este principio dice: «Corrige a los sabios y finalmente te darán las gracias, porque saben que les estás enviando un mensaje de que tú los amas y los quieres ayudar».

«El que detiene el castigo, a su hijo aborrece; mas el que lo ama, desde temprano lo corrige» (Proverbios 13:24).

Cambie la mentalidad del pensamiento tradicional, porque la corrección trae promoción. El verso 18 del capítulo 13 de Proverbios dice: «Pobreza y vergüenza tendrá el que menosprecia el consejo; mas el que guarda la corrección recibirá honra».

> «No pierda su tiempo corrigiendo al insolente, es tratar de corregir lo que no tiene corrección».

No rechace la corrección ni regrese a su casa después del servicio, refunfuñando porque lo corrigieron. No se vaya a llorar a los rincones. Déle gracias al Señor que alguien tomó cuidado de usted para corregirlo y guiarlo, y para formarlo a la imagen de Cristo. Déle gracias al Señor de que su padre espiritual quiere guiarlo a su destino. Recibirá honra si acepta la corrección. Los sabios la aceptan y no se detienen anunciando: «Yo lo sé todo y no necesito que alguien me corrija».

El Código de sabiduría dice que usted tiene que estar conectado a alguien para que lo corrija. Yo estoy conectado a personas que son mentores para mí y cuando me corrigen, yo tengo que escucharlos. Tal vez usted se pregunte para qué necesito que alguien me corrija, pero el Código de sabiduría dice que tengo que estar conectado a personas que Dios pueda usar para darme el balance correcto. Asegurarme de que si me desvió del camino correcto, alguien volverá a guiarme al verdadero camino.

Un hombre que tenía un grave problema de miopía se consideraba un experto en evaluación de arte. Un día visitó un museo con algunos amigos y al llegar al lugar se dio cuenta que había olvidado los lentes en su casa y no podía ver los cuadros con claridad. Pero eso no lo detuvo de ventilar sus fuertes opiniones.

> «El Código de sabiduría dice que usted tiene que estar conectado a alguien para que lo corrija».

Tan pronto entraron a la galería, comenzó a criticar las diferentes pinturas. Al detenerse ante lo que pensaba era un retrato de cuerpo entero, empezó a criticarlo. Con aire de superioridad dijo: «El marco es completamente inadecuado para el cuadro. El hombre está vestido en una forma muy ordinaria y andrajosa. En realidad, el artista cometió un error imperdonable al seleccionar un sujeto tan vulgar y sucio para su retrato. Es una falta de respeto».

El hombre siguió su parloteo sin parar hasta que su esposa logró llegar hasta él entre la multitud y lo apartó discretamente para decirle en voz baja: «¡Querido, estás mirando un espejo!».

Muchas veces nuestras propias faltas, las cuales tardamos en reconocer y admitir, parecen muy grandes cuando las vemos en los demás. Debemos mirarnos en el espejo más a menudo, observar bien para detectarlas, y tener el valor moral de aceptar cuando alguien quiere ayudarnos a corregirlas. Les aseguro que para muchos es más fácil negarlas que reconocerlas.

Cuando miramos de cerca a aquellos que han alcanzado el éxito, siempre observamos en ellos las mismas características, se han sometido a la disciplina de un mentor que les ha ayudado en el desarrollo y formación de su carácter.

Código de la
inteligencia

6

CÓDIGO DE LA INTELIGENCIA

Cuenta la historia que un grupo de científicos decidió que los seres humanos podían vivir sin Dios. Así que uno de ellos se dirigió a Dios y dijo: «Hemos decidido que ya no te necesitamos. Tenemos suficiente inteligencia como para clonar personas y hacer muchas cosas milagrosas».

Dios escuchó con paciencia y luego dijo: «Muy bien, hagamos un concurso para hacer gente. Lo haremos exactamente como lo hicimos en tiempos antiguos con Adán». Los científicos estuvieron de acuerdo, y uno de ellos se agachó para recoger un puñado de tierra. Dios lo miró y dijo: «¡No! ¡Tienes que hacer tu propia tierra!».

Qué difícil ser inteligentes y no envanecernos con nuestro conocimiento. Sin embargo, la inteligencia es necesaria para alcanzar la sabiduría. Se dice que: Existen los sabios según ellos mismos, a los cuales la Biblia llama necios. Existen los sabios según los demás, a los cuales la Biblia alaba. Existen los sabios según los conocimientos, de los cuales la Biblia dice que han de perder toda su ciencia cuando mueran. Existen los sabios según Dios, a los cuales los hombres llaman locos, y la Biblia llama nacidos

> «La inteligencia
> es necesaria para alcanzar
> la sabiduría».

de nuevo. Esta última es la sabiduría verdadera y real porque durará para siempre en el cielo.

«Dichoso el que halla sabiduría, el que adquiere inteligencia. Porque ella es de más provecho que la plata y rinde más ganancias que el oro. Es más valiosa que las piedras preciosas: ¡y ni lo más deseable se le puede comparar!» (Proverbios 3:13-14 - NVI).

El Principio de la inteligencia es uno de los más importantes. He conocido personas con mucho estudio, pero con poca sabiduría. La inteligencia es la habilidad de saber qué hacer en cada situación, es saber aplicar el conocimiento. Si tengo mucho conocimiento, pero cuando llega una situación tomo una mala decisión, entonces no usé la sabiduría. Todas sus decisiones demostrarán si posee la verdadera sabiduría. Si todas sus decisiones son equivocadas, entonces deberá comenzar por admitir que le hace falta sabiduría, y buscar la fuente que la provee.

La sabiduría es:

1. **De más provecho**, y más excelente que el oro y la plata.

2. **De más ganancia**. Cuando habla de ganancia habla de ingreso, de prosperidad, de provecho. Cuando usted tiene sabiduría y vive por el principio de inteligencia, no importa si tiene recursos económicos, siempre saldrá adelante. Hay personas que tienen recursos económicos pero les falta sabiduría.

> «He conocido personas con
> mucho estudio, pero con
> poca sabiduría».

3. **De más valor**, y más excelente, espléndida, gloriosa que las piedras preciosas.

Hay personas que por una piedra preciosa pueden quitarle la vida a otra. Pero la sabiduría es más valiosa que todas esas cosas. Quienes han descubierto la importancia de la sabiduría les es muy fácil desprenderse de las cosas materiales, porque no viven por lo terrenal, sino por la sabiduría que los ayuda a alcanzar dimensiones que van más allá de las que se obtienen por el oro y la plata.

Otras bondades

«Con la mano derecha ofrece larga vida; con la izquierda, honor y riquezas. Sus caminos son placenteros y en sus senderos hay paz. Ella es árbol de vida para quienes la abrazan (le echan mano); ¡dichosos (bienaventurados, felices) los que la retienen! Con sabiduría afirmó el Señor la tierra, con inteligencia estableció los cielos. Por su conocimiento se separaron las aguas, y las nubes dejaron caer su rocío. Hijo mío, conserva el buen juicio; no pierdas de vista la discreción. Te serán fuente de vida, te adornarán como un collar. Podrás recorrer tranquilo tu camino, y tus pies no tropezarán. Al acostarte, no tendrás temor alguno; te acostarás y dormirás tranquilo» (Proverbios 3:16-24 - NVI).

La sabiduría también ofrece «con la mano derecha... larga vida; con la izquierda, honor y riquezas» (v.16).

Al describir esta imagen de la sabiduría con una mano derecha y otra izquierda, el proverbista muestra que la sabiduría no es un concepto, sino una persona. También allí se hace evidente de que la sabiduría tampoco es una filosofía sino un personaje que tiene algo en su mano derecha y otra cosa en su mano izquierda; y que ofrece ambas a los que le buscan.

La sabiduría de Dios es una persona que tiene riquezas que ofrecer, y ya las tiene en su mano, y no aun en el bolsillo. Sus caminos son placenteros y en sus senderos hay paz.

«Los sabios son dignos de honra, pero los necios sólo merecen deshonra» (v.35).

Los que hallaron la sabiduría son dignos de honra, no porque tengan mejores cosas que los demás, sino porque son sabios, lo cual se demuestra en la manera en que proceden. Jesús dijo: «Por sus frutos los conoceréis». Usted puede reconocer a una persona sabia por la manera en que procede y en la forma en que toma decisiones. Sus decisiones son un reflejo de lo que usted es, y de lo que usted sabe y conoce. Cuando decide con sabiduría, quienes lo rodean saben que usted está por encima del nivel del resto de las personas.

> «Sus decisiones son un reflejo de lo que usted es, y de lo que usted sabe y conoce».

La sabiduría es una persona, y no un concepto ni una filosofía, porque es Jesús mismo, y está en los principios de su Palabra. Por lo tanto, él es el «Verbo», la Palabra y la sabiduría.

Cuando Jesús enseñaba a las multitudes les decía: «La reina del Sur... vino de los fines de la tierra para oír la sabiduría de Salomón, y he aquí mas que Salomón en este lugar» (Mateo 12:42)

Cuando encuentra la sabiduría, encuentra a Jesús. Probablemente su vida debe haber sido una vida de tropiezo por sus malas decisiones. Tal vez, su pasado fue tenebroso y triste, porque sus decisiones fueron equivocadas. Luego al llegar a los pies del Señor hecho pedazos, al dejar su vieja vida y abrazar a Jesús, abrazó también la sabiduría. Hoy camina en bendición y prosperidad porque camina en sabiduría.

Si quiere ser una persona exitosa, tiene que ser inteligente. Santiago dijo: «Si alguno está falto de sabiduría, pídala a Dios, el cual da a todos abundantemente y sin reproche, y le será dada» (Santiago 1:5). La sabiduría está esperando que usted la desee y la pida a Dios. La sabiduría tiene para darle a usted riquezas y bendiciones, largura de días a mano izquierda, y prosperidad y honra a mano derecha.

> «Cuando encuentra la sabiduría, encuentra a Jesús».

Cuando tiene la sabiduría de Dios tiene la prosperidad y la bendición. No importa lo que ocurra alrededor, usted puede tener todas las riquezas del reino. Si hoy la economía de su país se derrumbara y la moneda quedara sin valor, ¿qué haría con el dinero que tiene en el banco? ¡Seguramente que nada! Sin embargo el que tiene la sabiduría tiene la gracia y el favor de Dios para operar en medio de cualquier circunstancia. Por esa razón, cuando un hombre tiene sabiduría, puede ser perseguido y tirado en el pozo, ser llevado a la esclavitud, metido en prisión como José pero donde quiera que esté, la sabiduría lo exaltará.

Cuando los hermanos vendieron a José, lo tiraron en un pozo. Luego José pasó por la esclavitud y por la prisión, pero la sabiduría lo llevó hacia la cima, porque sabía que lo más importante era la sabiduría de Dios.

Esaú cambió su primogenitura por un plato de lentejas. Él no usó sabiduría ni inteligencia al tomar esa decisión, porque el hombre que tiene sabiduría sabe qué le depara el futuro, valora lo que Dios le ha dado, y sabe de qué tiene que huir. La sabiduría nos alerta: «Abrázame, aférrate a mí, porque cerca de mí el mal no podrá tocarte, yo te voy a defender, te voy a guiar, y te voy a prosperar».

Cuatro cosas que son más sabias que los sabios

«Cuatro cosas son de las más pequeñas de la tierra, y las mismas son más sabias que los sabios: Las hormigas, pueblo no fuerte, y en el verano preparan su comida. Los conejos, pueblo nada esforzado, y ponen su casa en la piedra. Las langostas, que no tienen rey, y salen todas por cuadrillas. La araña que atrapas con la mano, y está en palacios de rey» (Proverbios 30:24-28).

La Palabra enseña que hay cuatro cosas que son más sabias que los sabios:

La hormiga

I- Habilidad para interpretar los tiempos y las oportunidades

Las hormigas se encuentran dentro del grupo de insectos más exitosos. Los expertos afirman que existen sobre 20,000 variedades de hormigas en el mundo, las cuales viven en grandes grupos cooperativos llamados colonias. Las hormigas son observadas muy de cerca por los expertos, y su comportamiento es ampliamente conocido en el estudio de ecología. Salomón las utiliza para traer un asombroso principio de sabiduría que al ser aplicado puede ayudarnos a estar más alerta, y a aprovechar las oportunidades que nos trae la vida.

Salomón presenta a las hormigas como las poseedoras de una sabiduría interna con la cual pueden percibir los tiempos y las oportunidades. Lo primero entonces que la sabiduría va a poner en usted es una mente abierta para reconocer los tiempos y las oportunidades.

Cuado usted abraza la sabiduría, reconocerá los tiempos en que vive. La hormiga conoce su tiempo. Trabaja en el verano para guardar para el invierno. Este principio de reconocer las temporadas y oportunidades de Dios para su vida, le permitirán hacer uso de las puertas que Dios está abriendo. Desde el punto de vista de la sabiduría, debe tener la habilidad de poder interpretar los tiempos y las oportunidades. Esa habilidad la otorga la sabiduría.

La sabiduría abrirá su mente para que descubra la oportunidad para hacer lo tiene que hacer.

Es importante saber entonces que lo primero que la sabiduría le dará, es la habilidad de interpretar las oportunidades y los tiempos. A la hormiga nadie le enseña, pero el proverbio dice que ella es más sabia que los sabios, porque reconoce los tiempos y las oportunidades. Ella sabe que el tiempo para trabajar y acumular es el verano, y que el invierno es el tiempo para refugiarse del crudo invierno.

Si usted está en el tiempo de las «vacas gordas», Dios le va a enseñar qué hacer y cómo hacerlo para cuando venga el tiempo de las «vacas flacas» usted esté preparado. Dios le dará la sabiduría correcta para poder manejarse en todas las áreas de su vida, no solamente con el dinero, sino en las demás áreas también.

También podemos aplicar esta enseñanza a la vida espiritual. Es en momentos de crisis, cuando muchas personas no usan la sabiduría de Dios, y se ponen más flojos para ir a la iglesia. También están los que arrastran los pies para recibir la Palabra de Dios cuando todo le está marchando bien, así que solo visitan la iglesia para calmar sus conciencias. Pero la sabiduría dice que en tiempos como éstos, es cuando tiene que empezar a operar para prepararse para el invierno, tiene que reconocer e interpretar los tiempos. Siempre dilucido que los tiempos de paz son tiempos de preparación, entonces, cuando llega el invierno, puedo caminar firme.

El conejo

II-Habilidad para saber cómo y dónde protegerse:

El texto también menciona a los conejos, como pueblo nada esforzado, que pone su casa en la piedra. Esos conejitos saben que son indefensos, y su instinto les dice que se tienen que proteger escondiéndose en la piedra. De la misma manera la sabiduría le enseñará cómo protegerse. Cuando la abrace le enseñará a buscar protección, y a tomar medidas para no ser sorprendido por las eventualidades y sufrir daño. Usted puede pensar que al tener un buen seguro o un revolver en su casa, está protegido. Pero «déjeme llover un poco en su paraguas» y darle malas noticias: «Si Jehová no edificare la casa, en vano trabajan los que la edifican. Si Jehová no vela la ciudad, en vano vela la guardia». Usted puede vigilar todo lo que quiera, pero si Dios no está en el asunto, el enemigo puede meterse por dondequiera.

La sabiduría le indicará cómo protegerse y esconderse en las rocas. Cómo defenderse de su enemigo en escondrijos divinos, que no son carnales sino espirituales. Usted tiene que reconocer dónde está la roca para esconderse y defenderse de sus enemigos.

> «Si Dios no está en el asunto, el enemigo puede meterse por dondequiera».

El enemigo no puede tocar el cerco que Dios nos pone, y aunque el enemigo quiera destruirnos no podrá, porque estamos protegidos en la roca que es Cristo Jesús, y él no puede entrar ni tocar lo que Dios ha protegido.

La langosta
III-Habilidad para someterse al liderazgo

Las langostas a las que hace referencia el texto bíblico son los conocidos saltamontes. Estos insectos pueden viajar miles de kilómetros de distancia, y van todos unidos. Hace algún tiempo vi un documental que estudiaba el comportamiento de la langosta, que se traslada de un lugar a otro, devorando grandes cantidades de vegetación y dejando devastación a su paso. Se mostraba el momento cuando faltando una milla y media o dos, para llegar, se escuchaba un estruendo como si un ejército estuviera marchando, y el cielo se cubría de una densa y oscura nube de insectos. En un instante el cielo se puso negro, y cayeron todos en un sembrado que en cuestión de minutos quedó destruido.

La sabiduría le enseñará un principio importante: someterse al liderazgo. El proverbio dice que las langostas son más sabias que los sabios, porque no tienen rey, pero todas salen unidas. Esto significa que usted necesita estar sujeto a alguien, una cobertura sobre su cabeza, y al mismo tiempo formar parte de un cuerpo. Si ellas salen en cuadrilla aunque no tienen rey,

> «La sabiduría le enseñará un principio importante: someterse al liderazgo».

cuánto más nosotros debemos estar más unidos ante el hecho de que tenemos rey. Reconocemos que tenemos un glorioso rey y que ese rey ha establecido a hombres y mujeres que velen por su grey. Es necesario reconocer el orden del Cuerpo de Cristo, y que debemos estar unidos, porque solos no haremos «nada». Cuando estamos unidos nos convertimos en el glorioso Cuerpo de Jesús sobre la faz de la tierra. No hay diablo ni infierno que pueda detenernos.

La sabiduría no solamente habla de reconocer y someterse al liderato, sino del principio de la unidad. Es reconocer que nos necesitamos unos a los otros. También le dirá que su responsabilidad es mantener la unidad del cuerpo por encima del color de la raza, de la cultura y de dónde venimos.

Los norteamericanos piensan que porque los latinos hablamos todos en español, estamos unidos. Pero una de las cosas más difíciles que he visto es poder unir a los Latinoamericanos. El idioma no puede unirnos, porque hay otras diferencias culturales y raciales que nos dividen. Cuando hay razas que se creen superiores, hay un gran problema.

> «La sabiduría le enseñará cómo unirse con otros para lograr cosas grandes para Dios».

Pero cuando abrazamos la sabiduría rompemos la pared que nos separa y nos unimos, no importando el lugar de procedencia. Si somos lavados por la sangre de Cristo pertenecemos a una sola familia, a una sola fe y a un solo Señor.

La sabiduría le enseñará cómo unirse con otros para lograr cosas grandes para Dios. Únase con su hermano, porque si la langosta que no tiene rey sale en cuadrilla, el cuerpo de Cristo no puede estar desunido.

La araña
IV- Habilidad de apoderase de lo que Dios tiene para su vida

La araña es un arácnido que puede ser atrapado fácilmente con una mano. Esto significa que es pequeña, diminuta, pero se mete donde no la invitan. El texto dice que hay arañas que se metieron en el palacio del rey, y ahí se escondieron.

La sabiduría le dará la habilidad de poder apropiarse de lo que Dios tiene para su vida. La araña sin haber sido invitada, está en el palacio del rey y atrapa todo lo que puede. Nosotros tenemos la bendición de Dios para poder gozar de los beneficios del palacio, y sin embargo no nos apropiarnos de las bendiciones porque no nos atrevemos a entrar.

> «La sabiduría le dará la habilidad de poder apropiarse de lo que Dios tiene para su vida».

La Biblia dice: «Entrad pues confiadamente al trono de la gracia». Por lo tanto, la sabiduría le va a enseñar cómo apropiarse de todo lo que Dios tiene para su vida.

Muchas veces, nuestro

propio pensamiento o per-
cepción no nos permite apropiarnos de lo que Dios tiene
para nosotros. Creemos que
el Señor no quiere dárnoslo
porque está mirando lo que

*«La vida no te da a ti lo
que mereces sino lo que
demandas».*

éramos antes. Pero el Señor le está diciendo: «Olvídate de
lo que fuiste, yo borré tu pasado y lo tiré a lo profundo de la
mar donde nunca más me voy a acordar de él. Ahora tú eres
mi hijo, eres sacerdote, eres rey, entonces haciendo uso del
código de sabiduría ¡tienes que apropiarte de mi herencia!».

Jesús dijo que el reino de los cielos sufre violencia, y solamente los violentos lo arrebatan. A la araña nadie la invita,
y se mete igual. Nosotros, que fuimos invitados, nos detene-
mos en entrar a las bendiciones de Dios. Todo lo que está en
el cielo está a nuestra disposición. Hemos sido bendecidos
con mansiones y riquezas celestiales, por lo tanto todo es
suyo, es nuestro, tenemos que entrar y apropiarnos.

Un gran amigo, Tony Miller, dice: «La vida no te da a ti
lo que mereces sino lo que demandas». La sabiduría le enseñará cómo demandar lo que le pertenece. Usted tiene que
apropiarse de ello. Demandar no significa que le dé órdenes
a Dios, porque él ya lo ha concedido y quiere dárselo. Demandar es apropiarnos de aquellas cosas que nos pertenecen
por medio de la fe. No se conforme con lo que ha recibido
hasta ahora, hay más todavía, y no debemos quedarnos con
las manos cruzadas, tenemos que correr y tomar lo que nos
ha concedido el Señor.

Nunca me olvido de la historia de este predicador que
quería aplicar una enseñanza a su mensaje, y durante su pre-
dicación, sacó un billete de cien, y sin decir nada lo extendió
y dijo al publico «Hoy pienso regalar este billete». En el grupo que escuchaba todos se quedaron quietos mirando, pero

un niño de ocho años salió corriendo, le arrebató el billete, y se sentó. Las personas que estaban a su alrededor le decían que lo devolviera, pero el predicador dijo: «Yo no lo quiero, extendí ese billete como Dios ha extendido las bendiciones para su vida y usted no las tomó. Solamente haga lo que hizo este niño que se atrevió a correr y arrebatar lo que yo tenía en la mano».

La bendición es tan abundante que puede entrar y tomar todo lo que quiera.

Abundante bendición

Cuando nos mudamos a la ciudad de Orlando, en la Florida, no tenía dónde vivir. Una hermana me recibió en su casa y nos permitió vivir allí con mi esposa y mis tres hijos. Dormíamos todos juntos en una habitación pequeña, con las maletas en el piso, por casi tres meses. Un día, mi esposa se levantó y me dijo:

—Estoy cansada de vivir así, ¿o haces algo o tendré yo que tomar una decisión?

—Yo también estoy cansado, déjame ir a orar a ver que me dice el Señor, —le respondí.

—¿Hasta cuándo va a durar esto?, —le reclamé llorando al Señor.

—Hasta que te canses, —me dijo.

—Señor, no me hagas bromas, porque tú sabes que estoy muy cansado.

—Si te cansaste, toma la autoridad y úsala, porque cuando yo entrego la autoridad no la relego, no la quito. Te di autoridad para que te abrieras paso, y ahora me estás pidiendo que «Yo lo haga por ti». ¡Hazlo tú si estás cansado!

> *«La bendición es tan abundante que puede entrar y tomar todo lo que quiera».*

Las circunstancias también hablan. Algunas de ellas las permite Dios simplemente para despertarnos, para hacernos entender que tenemos privilegios. Durante esa conversación con Dios, me llevó al pasaje en el que Pablo y Silas mientras predicaban en Filipo, se enfrentaron con una muchacha que tenía un espíritu de adivinación, y que por varios días los molestaba gritando detrás de ellos de la siguiente manera: «Estos son hijos de Dios que os anuncian el camino de la Salvación», entonces la Palabra agrega: «Mas cansándose Pablo se volvió a ella y le dijo: ¡Te mando espíritu que la dejes libre! Y al instante el espíritu de adivinación salió».

Cuando leí esto el Señor me dijo: «¿Quién permitió que ella los molestara por tantos días? ¡No fui yo! Recuerda que si yo te entrego la autoridad para que hagas algo, y tú no la asumes, no me puedes responsabilizar de tu falta de determinación. Recuerda, la autoridad había sido conferida a Pablo, por eso cuando se cansó, y se volvió y le dijo: "Te mando en el nombre de Jesús que la dejes libre» la joven recibió liberación"».

En ése momento el Señor siguió tratando conmigo y volvió a decirme: «Si tú haces lo mismo y tomas la autoridad, yo voy a abrir las ventanas de los cielos y a derramar bendición sobre tu vida. Porque yo he prometido bendecirte».

Cuando salí de orar y recibir esa Palabra del Señor, me detuve en la acera y dije: «Espíritu de pobreza, te ato en el nombre de Jesús. Ahora comando a la prosperidad de Dios que está determinada sobre mi vida que venga del norte, del sur, del este y del oeste. Y proclamo ahora mismo en el nombre de Jesús que soy próspero». Al terminar esta declaración, a pocos metros escuche a dos personas hablando, y logre oír lo que uno le decía al otro: «Tengo una casa vacía y quiero alquilarla, ¿sabes si hay alguien interesado?».

Hasta ese momento yo había estado equivocado. Estaba

esperando que alguien viniera y me dijera: «Toma, aquí tienes el dinero para que consigas algo». Pero yo tuve que ir a ver a esa persona que estaba hablando y decirle: «¿Tú tienes una casa para alquilar? Yo la quiero». Entonces me preguntó: «¿Tú sabes cuánto tienes que pagar por mes y cuánto de depósito?». Realmente no sabía, pero quería esa casa.

Cuando fuimos a verla, este hombre me dijo: «Yo también soy cristiano y mientras oraba en mi casa, el Señor me dijo que no te pidiera nada de depósito. Págame mensualmente lo que estás pagando actualmente donde estas. Y este mes no me lo pagues, es gratis».

La sabiduría lo hará demandar lo que es suyo y le enseñará cómo apropiarse de las riquezas que Dios tiene para usted.

CÓDIGO DE LA VALENTÍA

7

CÓDIGO DE LA VALENTÍA

«No tendrás temor de pavor repentino, ni de la ruina
de los impíos cuando viniere, porque Jehová será tu confianza,
y él preservará tu pie de quedar preso»
(Proverbios 3:25-26).

Durante una fuerte tormenta, una madre metió a su niño en la cama y apagó la luz. Atemorizado por la tempestad preguntó: «Mami, ¿vas a dormir conmigo?». Ella lo abrazó y le dijo: «No puedo, cariño. Tengo que dormir con tu papi». Mientras salía de la habitación, la madre escuchó al niño decir: «¡Ese cobarde no quiere dormir solo!».

Todos conocemos la palabra «Valentía» y comprendemos que existen varios significados para este termino: «arrojo, coraje, intrepidez, braveza, empuje, determinación y agallas». Cuando usted es valiente tiene agallas y no tiene miedo a nada, porque ha podido vencer los temores.

El principio de la valentía es muy necesario; y es importante que cada cristiano lo aprenda y lo aplique, ya que la mayoría de los creyentes se llevan a la tumba los mejores sueños de su vida sin realizar. El factor principal del por qué no los realizaron, fue por el temor.

Estos versículos enseñan que los impíos están destinados a ruina, y al fracaso, pero a usted eso no lo tocará. El temor paraliza y hace desfallecer el corazón de los hombres. Esto no tan solo impide que la persona siga avanzando, sino que también les paraliza el corazón.

Hay quienes viven llenos de temores y fobias, y no pueden alcanzar nuevas dimensiones porque tiene miedo de fracasar, y de cruzar líneas hacia lo nuevo que Dios les tiene.

Las tumbas están llenas de grandes sueños, ideas maravillosas que nunca se realizaron porque alguien tuvo miedo de fracasar. Al observar de cerca de hombres y mujeres que han tenido éxito en la vida, descubrimos que no necesariamente han sido los más estudiosos, y en ocasiones ni tan siquiera han cursado la universidad.

> «Las tumbas están llenas de grandes sueños, ideas maravillosas que nunca se realizaron porque alguien tuvo miedo de fracasar».

No estoy diciendo que no estudien, el estudio es de vital importancia, y siempre recomiendo a todos prepararse mejor. El problema no se encuentra en estudiar sino en pensar que ya llegó y que no hay nada más, cuando frente a usted aun existe un océano de posibilidades sin explorar. En ocasiones no nos movemos porque el mundo dice que no servimos, y nos falta la valentía para desafiar la opinión de los demás. Recuerde, usted siempre recomiende a todos que estudien, pero dígales que tienen que tener valor a la hora de poner en práctica lo aprendido.

Un anciano comenzó a hacer en su casa empanadas junto con su esposa. Habían logrado una gran clientela, pero de repente tuvieron que mudarse de la casa porque habían comprado un local con cocina para hacer su trabajo más organizadamente. Emplearon personas y siguieron prosperando y prosperando. El restaurante se amplió y agregó otras comidas al menú y seguía progresando.

El hijo del matrimonio, que era abogado, le envió un recorte del periódico en el que decía que la economía del país no estaba bien, que los negocios estaban fracasando, que tuviera cuidado.

> *«Hay personas que tienen un gran potencial para el éxito, para emprender cosas nuevas, y hacer negocios, pero el miedo no los ha dejado avanzar».*

Al mes tuvieron que cerrar el restaurante. ¡El miedo nos puede paralizar!

Mientras él no sabía lo que decían las estadísticas, el negocio avanzaba, tan pronto se llenó de temor, el crecimiento se detuvo. Cuando opera en temor, el poder del reino se detiene, porque usted se detiene. Cuando opera en fe, todo se hace más rápido, y más efectivamente.

Hay personas que tienen un gran potencial para el éxito, para emprender cosas nuevas, y hacer negocios, pero el miedo no los ha dejado avanzar. El temor de muchos proviene de familiares que ya no están con ellos pero que todavía ellos recuerdan, y les parece escuchar diciendo: «Ten cuidado, vas a fracasar».

El Principio de la valentía declara que cuando usted tiene a Dios de su lado, y cuando sirve al Dios omnipotente, no tiene que temer al fracaso ni a la ruina que experimentan los impíos. Dios levantará su vida por encima de todas las cosas.

Si la economía de su nación comienza a decaer y los negocios se cierran, su negocio venderá más que nunca, porque no es lo que usted vende, sino con quién está asociado.

Los hombres y las mujeres intrépidos son aquellos que se abren paso, como hizo Jonatan. Mientras otros estaban temblando frente a un grande y poderoso ejército, Jonatan dijo: «Vamos a meternos con ese ejército y a pelear contra ellos». El otro preguntó: «¿Por qué?». «Porque si Dios está de nuestro lado, algo va a pasar ahí adentro», respondió. Hacen falta personas que vivan este Principio de la valentía. Todos esos sueños e ideas no vinieron de usted, Dios las puso en su corazón para que se abra paso y prospere.

Temor al fracaso

El Principio de la valentía dice que primero hay que vencer los temores. Ese miedo a emprender cosas nuevas y entrar en territorios desconocidos que nunca hemos ingresado.

Hace muchos años que soy pastor de mi iglesia. En todos estos años he visto de todo. Vi personas que cuando usted les hablaba de cosas nuevas que Dios quería hacer en la iglesia, comenzaban a temblar. Probablemente esas mismas personas que tiemblan por el miedo, se tiran del bote y le dejan solo o le hacen la guerra, porque no entienden la dirección hacia dónde usted se dirige. Se sienten inseguros, pues padecen del Síndrome de los espías en la tierra prometida que es uno de temor y duda. Cuando ellos entraron y vieron las cosas nuevas, regresaron a su gente diciendo: «Es verdad, allí hay fruto grande, y tierra que fluye leche y miel. Todo lo que se dijo es cierto, pero los gigantes son grandes, las ciudades están amuralladas, y los ejércitos son poderosos».

> «El Principio de la valentía dice que primero hay que vencer los temores».

Vencer el temor a lo desconocido es un gran desafío, porque si quiere ir hacia dimensiones nuevas, Dios no lo llevará por las rutas que ya conoce sino por rutas que no son conocidas. Él le dará ideas y conceptos que nunca ha visto aplicados en otro país, o por persona alguna. El Señor le dice: «Yo voy a hacer contigo maravillas que no han sido hechas en toda la tierra ni en nación alguna, yo voy a hacer contigo cosas que todavía nunca nadie ha visto». No busque referencias para ver si hay alguien que ya lo hizo, porque Dios quiere hacer algo nuevo. Tome fuerzas, agallas y supere los miedos.

Cuando Dios llamó a Abraham, lo sacó de su tierra y de su parentela, y lo llevó a la tierra que le había prometido, pero lo hizo por una ruta que nunca había recorrido. Lo primero que tuvo que hacer fue tomar la decisión de dejar a su familia para luego moverse en la dirección hacia donde Dios lo estaba llamando.

Si usted se queda en la aldea o en el sitio que siempre ha estado, Dios no podrá hacer lo que tiene planeado con su vida. Para hacer lo que ha prometido primero tendrá que sacarlo de la influencia de lo viejo para llevarlo a lo nuevo.

> «Para hacer lo que ha prometido primero tendrá que sacarlo de la influencia de lo viejo para llevarlo a lo nuevo».

Muchos no se han atrevido a hacer lo que sienten en el corazón porque piensan que este es un mundo competitivo, y sienten que no pueden. Pero permítame decirle que si Dios está con usted, todo lo que haga prosperará, porque él lo marcó desde antes de la fundación del mundo para la realización de grandes cosas.

Tome valentía, ignore las voces que le hablan al oído y le recuerdan que su papá fue un fracasado, y que usted también lo será. Diga con voz alta: «Yo no voy a fracasar, porque él que está conmigo y es más grande que el que contra mí viene». Esto no es para cobardes, sino para valientes.

Una nueva mentalidad

Cuando el Señor le habló a Josué, lo hizo como el jefe que comanda las tropas del pueblo de Dios para entrar y conquistar la tierra prometida, y le pidió que se esforzara y que fuera valiente.

Dios ya no miraba al pueblo como un grupo de peregrinos en el desierto, sino como un pueblo en transición que iba rumbo a convertirse en conquistador. Habían salido de Egipto como peregrinos y nómadas, y todavía tenían una mentalidad de esclavos. Pero para poder llevarlos a algo nuevo tenían que cambiar la mentalidad. Por esa razón, lo primero que el Comandante en jefe le dijo al líder de las tropas fue: «Esfuérzate y sé valiente, porque entrarás a una tierra en la que nunca has estado. Enfrentarás enemigos que nunca has visto. Enfrentarás problemas que nunca has tenido». A partir de ese momento ya se le avisaba que comenzaría a vivir en un nivel diferente, en donde habría de desafiar lo imposible.

Un conquistador no espera a que le entreguen las cosas en la mano, que el maná le caiga del cielo, que la roca le dé agua sin esfuerzo, sino que peleará por su bendición hasta conquistarla.

El principio para alcanzar el éxito es: «Esfuérzate, y sé muy valiente». Supere los miedos, porque Dios estará con usted. La razón por la cual tiene que esforzarse y ser valiente, es porque Dios estará a su lado siempre. Todo lo que pise la planta de sus pies será suyo. Por lo tanto, no se puede quedar al otro lado del Jordán deseando haber entrado a la Tierra prometida. Si usted es valiente, meterá los pies en el agua, se mojará en el Jordán, y cuando la gracia

---

«Un conquistador no espera a que le entreguen las cosas en la mano».

---

de Dios que está sobre su vida lo toque, las aguas del Jordán se abrirán y usted pasara a la otra orilla.

Hay personas que han permanecido detenidos al frente del Jordán, a las que Dios está retando a pasar por la transición de peregrino a conquistador. Dios quiere que usted sea un líder que conquista. Josué necesitaba valentía por dos razones importantes:

Josué debía cumplir la misión

«Esfuérzate y sé valiente; porque tú repartirás a este pueblo por heredad la tierra de la cual juré a sus padres que la daría a ellos» (Josué 1:6).

Para ir hacia donde Dios lo ha destinado, necesita valentía, vencer los temores, y cumplir la misión. Desde que me convertí estoy concentrado en la misión que Dios tiene para mi vida. No quiero quedarme corto con relación a lo que me corresponde hacer.

En muchos momentos de mi vida tuve que usar la valentía de Dios para abrirme paso en medio de situaciones en las que estaba solo.

> «Dios ya determinó una misión para su vida, y usted tiene que cumplirla».

Jesús fue valiente. Pablo también lo fue Daniel, Sadrac, Mesac y Abed-nego, sin duda también fueron valientes y se atrevieron a darle la cara a la adversidad, y al peligro. Debemos aprender de ellos. Dios ya determinó una misión para su vida, y usted tiene que cumplirla. Josué debía ser valiente porque tenía una misión encomendada por Dios que debía cumplir.

Conocer los principios que forman parte del Código de sabiduría lo animarán a arrebatar las promesas de Dios y a no quedarse con las manos cruzadas. Comience y dé el primer paso. El valiente no espera que las oportunidades lleguen, las busca. No me refiero solo a las oportunidades de negocios terrenales, sino también negocios espirituales.

Cuando comencé a ministrar en la primer iglesia, muchas personas me dijeron que esa iglesia no crecería, que iba camino al fracaso y finalmente tendría que cerrar las puertas. Pero no permití que mi corazón se llenara de temor, sino de valentía, por eso avancé hasta alcanzar lo que al tiempo vimos: una iglesia resplandeciente.

> «El valiente no espera que las oportunidades lleguen, las busca».

Si acepta este desafío de parte de Dios, pronto ingresará a una nueva dimensión que nunca antes había probado, y una vez que esté dentro se preguntará: «¿Por qué tardé tanto en entrar?».

La respuesta es: «Porque lo que estaba fuera se lo impedía». Las voces del enemigo le dirán que no entre, que va a fracasar, a pasar vergüenza, lo aturdirán, pero la Palabra dice que si Dios está con usted, la ruina de los impíos nunca le tocará. Nunca va a fracasar.

Josué debía guardar los preceptos de la Palabra

«Solamente esfuérzate y sé muy valiente, para cuidar de hacer conforme a toda la ley que mi siervo Moisés te mandó; no te apartes de ella ni a diestra ni a siniestra, para que seas prosperado en todas las cosas que emprendas» (Josué 1:7).

La segunda razón por la cual Josué debía ser valiente se encuentra en este verso. No solamente necesita valentía para cumplir la misión sino también para guardar los preceptos de la Palabra.

Se necesitan agallas para vivir conforme a la ley de Dios. Muchas personas pueden tildarlo de ignorante por estar viviendo en acorde a los principios de la Palabra de Dios.

Otros querrán perseguirlo por querer hacer lo correcto. Pero si quiere vivir para Dios debe tener agallas. Si quiere vivir en lo mejor de Dios, hay que tener valentía.

Querido lector, si es un joven y quiere ser un hombre de Dios, debe tener agallas para llegar a serlo, porque cuando concurra a la escuela y quiera vivir y guardar los principios y preceptos de la Palabra, muchos de esos supuestos amigos le dirán que es «un tonto». Recuerde, tiene que ser valiente y mantenerse firme para hacer lo que Dios le ha mandado hacer. El éxito en la vida cristiana es para los valientes que se atreven a guardar los preceptos de Dios por encima del empuje e influencia de los amigos.

Si ha determinado guardar el Código de sabiduría, algo poderoso sucederá en su vida, porque: «Bienaventurado el varón que soporta la tentación; porque cuando haya resistido la prueba, recibirá la corona de vida, que Dios ha prometido a los que le aman».

Los hermanos y la mujer de Potifar intentaron destruir a José, pero no pudieron. José prefirió ir a la cárcel que ofender a Dios o a su amo. Él tenía claro que para poder enfrentar y cumplir la voluntad de Dios tenía que ser valiente y enfrentar lo próximo que viniera sobre su vida. Dios usó la cárcel como un trampolín para llevarlo al nivel y la dimensión donde José tenía que estar.

Hay que ser valiente para decirle no a las tentaciones, no al pecado, y decirle sí a la Palabra de Dios antes de ser prosperado. Si a la primera señal de tentación se cae, significa que usted no es valiente porque se deja arrastrar por los grupos y por las presiones, y no se atreve a decir que no. Pero si soporta la tentación, Dios pondrá corona sobre su cabeza, le entregará su favor y bendición y le hará caminar con ella donde quiera que vaya.

CÓDIGO DEL SERVICIO

8

CÓDIGO DEL SERVICIO

Fue muy difícil para Luís cuando se encontró en un sótano sacando brillo a las botas de otros cadetes. No era lo que esperaba hacer cuando se inscribió en el Ejército de Salvación. Él anhelaba participar inmediatamente en el ministerio evangelístico. En cambio, se encontró rodeado por un montón de botas negras sucias. Era muy difícil para Luís no considerar esto una pérdida de tiempo y talento, y se lo preguntó a Dios directamente.

En ese mismo sótano, Luís tuvo una visión. Vio a Jesús limpiando los pies de los discípulos. El mismo que había habitado en la gloria del Padre eterno, estaba arrodillado ante los pies sucios de un pescador inculto, ¡solo para lavar sus pies!

En ese momento, el corazón de Luís fue humillado. Esa noche oró al Salvador diciendo: «Señor, si tú lavaste sus pies, entonces yo limpiaré sus botas». Desde ese día Luís continuó sacando brillo a las botas de sus compañeros con entusiasmo, con un canto en sus labios y paz en su corazón.

Años después él escribió: «Cada día de aquella semana me comuniqué con Jesús mientras estaba en el sótano... Mi oración era: "Querido Señor, déjame servir a los que te sirven. ¡Eso es suficiente para mí!"».

«No te niegues a hacer el bien a quien es debido, cuando tuvieres poder para hacerlo. No digas a tu prójimo: Anda, y vuelve, y mañana te daré, cuando tienes contigo qué darle» (Proverbios 3:27-28).

Servir significa «trabajar, emplearse, desempeñar una labor a favor de alguien». Como cristianos conocemos la importancia de servirnos los unos a los otros por amor.

Jesús nos dio un ejemplo de servicio cuando se amarró una toalla, tomó un lebrillo, le echó agua y comenzó a lavarles los pies a sus discípulos. Esa era la mejor manera de enseñar que en el Reino los siervos son los promovidos, que allí hay una ley, que mientras más humilde usted es, más alto Dios le levantará.

La ley del Reino dice que cuando usted sirve a alguien, Dios lo bendecirá a usted. Por esa razón es que somos la luz del mundo, la sal de la tierra, porque no vivimos por los conceptos ni preceptos del mundo, sino por los principios y los preceptos del reino de Dios, que son totalmente contrarios a lo que el mundo conoce. Si usted quiere ir para arriba, en el Reino debe ir para abajo.

«La ley del Reino dice que cuando usted sirve a alguien, Dios lo bendecirá a usted».

Si usted quiere prosperar y ser bendecido, debe entender que para lograrlo tendrá que obedecer el mandato que Jesús nos dejó de lavarnos los pies los unos a los otros. Al hacerlo se está poniendo en la posición de siervo. En la antigüedad, el encargado de lavar los pies a los que visitaban y a su amo, eran los esclavos o sirvientes. Nuestra actitud de siervo, no solo debe ser manifiesta fuera de la casa, al lavarle los pies a nuestros vecinos o a los que están a nuestro alrededor, sino también a los que están en nuestra casa.

Dios entregó a los padres y esposos de la casa la responsabilidad de lavar los pies al resto de los integrantes de la familia. Esto no con el fin de que hagan lo mismo con ellos, sino con un sincero espíritu de servicio. Ser la cabeza de la casa no significa ser un dictador, sino ser un líder que enseña lo que vive. Por lo tanto, Dios lo puso en esa casa para que sea el primero que tome la toalla y le lave los pies a los que están en su familia, y les sirva. No le eche en cara lo que está haciendo, porque el servir es parte de su responsabilidad, y en el Reino, si quiere ser grande, tiene que servir.

El libro de Gálatas dice que el amor debe ser la motivación por la cual debemos servirnos los unos a los otros. Dios puso en nuestro corazón el deseo de ser grande, y no hay ningún problema con ello, el reto es reconocer el método que Dios ha dado para lograrlo.

Ser grande significa que usted quiere ser excelente. Para serlo usted debe revisar el método que usa, y asegurarse de tener una correcta motivación. Cuando sirve a otro para sacarle provecho o para usarlo de trampolín hacia donde quiere llegar, entonces su motivación no es la correcta.

No lleve a cenar a alguien que después pueda devolverle el favor, porque cuando pasan los meses y no lo invitó, usted dirá: «¡Qué ingrato! Yo lo llevé y él no me lleva a mí». Entonces detrás de la acción había una motivación incorrecta. Cuando sirve a otro debe hacerlo por amor y sin ningún interés.

> «Cuando sirve a otro debe hacerlo por amor y sin ningún interés».

Si usted sirve por amor y no mira a quién, está sirviendo por amor, solo para ver una sonrisa en ese rostro.

No importa quién usa este principio de servicio que claramente se expresa en el código, por cierto prosperará.

El reconocido millonario Rockefeller organizó una agencia para ayudar a personas en necesidad. En ese momento él no tenía mucho dinero, pero cuando organizó este lugar de ayuda, todos sus negocios prosperaron. Leí un libro que se llamaba *Cómo hacerse millonario* y explicaba que si tiene un buen corazón para servir a otro, ya dio su primer paso para convertirse en millonario.

«No sirviendo al ojo, como los que quieren agradar a los hombres, sino como siervos de Cristo, de corazón haciendo la voluntad de Dios; sirviendo de buena voluntad, como al Señor y no a los hombres, sabiendo que el bien que cada uno hiciere, ése recibirá del Señor, sea siervo o sea libre» (Efesios 6:6-8).

Todo lo que haga por alguien, Dios se lo devolverá. Entiendo este principio, por eso veo oportunidades. Una madre se quedó en medio de una avenida con una llanta desinflada de su vehículo y sus tres pequeñas hijas estaban dentro del vehículo esperando que su madre solucionara el inconveniente. Al ver esto, mi esposa y yo nos detuvimos para ayudar en esa tarea complicada para una mujer. La razón del por qué lo hicimos fue, en primer lugar porque es una criatura de Dios la cual amamos aun sin conocerla. En segundo lugar, todo lo que yo haga por otro, el Señor me lo devolverá. El día que le ocurra a mi esposa, espero que haya alguien que la ayude, porque Dios lo va a hacer por mí. El día que le ocurra lo mismo a alguna de mis hijas, también habrá alguien que las ayude. No olvide que lo que usted haga por alguien, Dios lo hará por su vida. Este principio es poderoso.

> *«No olvide que lo que usted haga por alguien, Dios lo hará por su vida».*

Un servidor del Reino

«Entonces Jacobo y Juan, hijos de Zebedeo, se le acercaron, diciendo: Maestro, querríamos que nos hagas lo que pidiéremos. El les dijo: ¿Qué queréis que os haga? Ellos le dijeron: Concédenos que en tu gloria nos sentemos el uno a tu derecha, y el otro a tu izquierda. Entonces Jesús les dijo: No sabéis lo que pedís. ¿Podéis beber del vaso que yo bebo, o ser bautizados con el bautismo con que yo soy bautizado? Ellos dijeron: Podemos. Jesús les dijo: A la verdad, del vaso que yo bebo, beberéis, y con el bautismo con que yo soy bautizado, seréis bautizados; pero el sentaros a mi derecha y a mi izquierda, no es mío darlo, sino a aquellos para quienes está preparado. Cuando lo oyeron los diez, comenzaron a enojarse contra Jacobo y contra Juan. Mas Jesús, llamándolos, les dijo: Sabéis que los que son tenidos por gobernantes de las naciones se enseñorean de ellas, y sus grandes ejercen sobre ellas potestad. Pero no será así entre vosotros, sino que el que quiera hacerse grande entre vosotros será vuestro servidor. Porque el Hijo del Hombre no vino para ser servido, sino para servir, y para dar su vida en rescate por muchos» (Marcos 10:35-45).

Si usted quiere ser grande, tiene que ser un servidor en el Reino. Hay diferentes maneras en las que puedo servir a una persona, como por ejemplo cuando le ayudo hablándole de Dios.

En otras palabras, los servidores no siempre son al nivel que pensamos, o imaginamos. Creemos que si venimos a la iglesia con una necesidad económica de mil dólares, y alguien no nos lo da, es porque no nos están sirviendo.

Hace mucho tiempo, una señora me dijo: «Pastor, yo necesito tomar unas vacaciones, y quiero que de todos los diezmos que entregué me lo regresen para pagar mis vacaciones». Yo le contesté: «Hermana, ¿usted cree que esto es un banco?». Cuando usted da su dinero, está sirviendo. Todo lo que usted haga por alguien, Dios lo hará por usted. Si quiere ser grande en el reino tiene que servir. Eso significa que Dios lo ha colocado en el reino donde él lo necesita, y no donde usted quiere estar, porque cuando Dios nos llama, lo importante es servirle.

CONCLUSIÓN

A lo largo de estas páginas hemos demostrado que el Código de sabiduría está revelado en el gran libro: la Biblia. A través del estudio y aplicación de los principios contenidos en la Palabra de Dios, usted podrá obtener las llaves que le harán alcanzar una vida de excelencia. Estos códigos están disponibles para millones de seres humanos alrededor del mundo que andan errantes, sin un claro enfoque y sin un rumbo fijo.

El mundo se encuentra en bancarrota espiritual y física porque la gente desconoce los secretos y el poder de la sabiduría de Dios. La necedad y el desatino son la orden del día, y la humanidad que se encuentra en tinieblas no sabe qué hacer. La lumbre de la sabiduría en el pasado iluminó a reyes, a estadistas, a líderes conquistadores, a ciudadanos comunes, y a mujeres desamparadas. La sabiduría hizo que Israel llegara a ser una nación poderosa sobre la tierra, y atrajo a Dios a la escena de la historia humana.

Más que nunca, en estos tiempos difíciles necesitamos volvernos a la sabiduría de Dios que aun está clamando en las calles, y llamándonos a alcanzar cordura. No importa quién sea usted, la respuesta que busca se encuentra en la Palabra de Dios y su desafío es descubrirla, creerla y aplicarla.

El verdadero código ha estado escondido allí para usted, y si lo desea será manifestado plenamente a su vida. Si logró hallar la verdad revelada en estos principios, ha obtenido el mensaje que Dios le dejó para que camine en prosperidad.

El libro de Santiago dice que «si alguno de vosotros tiene falta de sabiduría, pídala a Dios, el cual da a todos abundantemente y sin reproche, y le será dada. Pero pida con fe, no dudando nada; porque el que duda es semejante a la onda del mar, que es arrastrada por el viento y echada de una parte a otra».

Por lo tanto, tenemos plena libertad de pedir sabiduría a Dios, llenos de fe y sin indeterminación de ánimo. La mayoría de las personas que han salido adelante han utilizado los principios de sabiduría de Dios. Aun muchos de aquellos que no conocen al Señor han usado los principios de sabiduría de la Biblia para abrirse campo en el mundo secular. En esto es verdadera la escritura que dice que en ocasiones «los hijos de las tinieblas son más sagaces que los hijos de luz». Sorprendentemente, ahora es que la iglesia está despertado a los principios de sabiduría que el Señor le ha dejado en su Palabra.

Cuando aplique el Código de sabiduría verá que su vida en el Señor adquiere profundidad, y prosperidad acelerada. Lo que por años había soñado, lo verá logrado en menos tiempo, y se dará cuenta que valió la pena.

Caminar en la sabiduría de Dios y aplicar estos principios le harán ingresar a lo sobrenatural y a dimensiones que nunca antes usted había experimentado.

ACERCA DEL AUTOR
Dr. Edwin Santiago

El apóstol Edwin Santiago es pastor de la Iglesia «Tabernáculo Internacional», en West Palm Beach, Florida. Es graduado del Instituto Bíblico de las Asambleas de Dios y posee un Doctorado en divinidades. Durante más de 30 años ha ministrado la Palabra de Dios en Estados Unidos, Ibero América, y Europa.

La iglesia que pastorea es una de las más crecientes congregaciones del Estado de la Florida, y su rápida expansión ha originado otras, en lugares como la Argentina, Guatemala, Perú, Venezuela y República Dominicana. También, cuenta con el Instituto de las Asambleas de Dios, la Universidad LOGOS, cuyo campus dirige su esposa, la Dra. Zelided Santiago, con siete pastores asistentes, en su congregación, ciento veinticinco líderes y más de quince ministerios en función, y con un poderoso ministerio de Comunicaciones y Televisión.

Esta obra tiene reconocimiento en toda Latinoamérica, Estados Unidos y Puerto Rico, y es considerada por muchos una iglesia modelo en todo el hemisferio. El Rev. Santiago es, además, Fundador y Presidente de E.S Ministries, que tiene como visión fomentar la obra pastoral en toda la tierra, asistiendo, sanando y ayudando a los pastores que luchan por la obra de Dios.

A través de su mensaje Edwin Santiago descorre el velo de profundos secretos de sabiduría, con los cuales capacita a líderes, empresarios, y pastores.

También, es parte del consejo pastoral de Editorial

Vida, quien ha publicado sus libros: *Rompiendo los límites, Fe explosiva y Paternidad espiritual*. Todos ellos de gran impacto en Latinoamérica, Estados Unidos y el Caribe. Otros ministerios se han originado bajo su liderazgo y están alcanzando ciudades y naciones. Anualmente, Edwin Santiago es el anfitrión de diferentes eventos internacionales que se realizan cada año y para cada área de necesidad: *Únicas*, para mujeres; *True-Id*, para jóvenes; *Saliendo del desierto*, para solteros; y Rompiendo Los Limites para pastores y líderes. Además conduce programas de televisión a través de CTNI y ENLACE TBN a todo el mundo.

Edwin y su esposa Zelided, residen en West Palm Beach, Florida EE.UU. tienen tres hijos casados, Karely, Kerwin y Karem.

Si quiere saber más acerca del ministerio,
escríbanos a:
info@tabernaculodeamor.org
Visite nuestra página en Internet:
www.tabernaculodeamor.org
www.rompiendoloslimites.com

DISFRUTE DE OTRAS PUBLICACIONES DE EDITORIAL VIDA

Desde 1946, Editorial Vida es fiel amiga del pueblo hispano a través de la mejor literatura evangélica. Editorial Vida publica libros prácticos y de sólidas doctrinas que enriquecen el caudal de conocimiento de sus lectores.

Nuestras Biblias de Estudio poseen características que ayudan al lector a crecer en el conocimiento de las Sagradas Escrituras y a comprenderlas mejor. Vida Nueva es el más completo y actualizado plan de estudio de Escuela Dominical y el mejor recurso educativo en español. Además, nuestra serie de grabaciones de alabanzas y adoración, Vida Music renueva su espíritu y llena su alma de gratitud a Dios.

En las siguientes páginas se describen otras excelentes publicaciones producidas especialmente para usted. Adquiera productos de Editorial Vida en su librería cristiana más cercana.

Vida®

Una vida
con propósito

Rick Warren, reconocido autor de *Una Iglesia con Propósito*, plantea ahora un nuevo reto al creyente que quiere alcanzar una vida victoriosa. La obra enfoca la edificación del individuo como parte integral del proceso formador del cuerpo de Cristo. Cada ser humano tiene algo que le inspira, motiva o impulsa a actuar a través de su existencia. Y eso es lo que usted podrá descubrir cuando lea las páginas de *Una vida con propósito*.

0-8297-3786-3

PATERNIDAD ESPIRITUAL

0-8297-4573-4

El propósito de este libro es unir el corazón de los pastores y los miembros de la iglesia a través de la revelación de la Paternidad espiritual. Este es el tiempo en el que Dios está tratando de unirnos como familia. Él desea establecer la casa familiar con la autoridad del pastor como padre y los miembros como hijos. El problema de la iglesia de hoy es que hay muchos miembros y pocos hijos, hay pastores y no hay padres. Esta lectura tiene el objetivo de lograr el equilibrio balanceado de la justa autoridad delegada espiritualmente a los pastores y a la congregación.

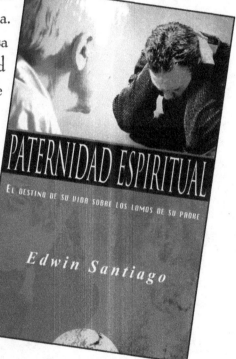

Biblia de Estudio NVI

La primera Biblia de estudio creada por un grupo de biblistas y traductores latinoamericanos. Con el uso del texto de la Nueva Versión Internacional, esta Biblia será fácil de leer además de ser una tremenda herramienta para el estudio personal o en grupo. Compre esta Biblia y reciba gratis una copia de ¡Fidelidad! ¡Integridad!, una guía que le ayudará a aprovechar mejor su tiempo de estudio.

ISBN: 0-8297-2401-X

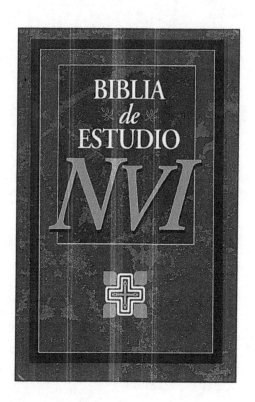

Si quieres caminar sobre las aguas, tienes que salir de la barca

Cristo caminó sobre las aguas con éxito, si quieres hacerlo solo hay un requisito: *Si quieres caminar sobre las aguas, tienes que salir de la barca.* Hoy Jesús te extiende una invitación a enfrentar tus temores, descubrir el llamado de Dios para tu vida y experimentar su poder.

0-8297-3536-4

Nos agradaría recibir noticias suyas.
Por favor, envíe sus comentarios sobre este libro
a la dirección que aparece a continuación.
Muchas gracias.

vida@zovervan.com
www.editorialvida.com